AQUARIUS

AQUARIUS

AQUARIUS

AQUARIUS

Vision

一些人物，
一些視野，
一些觀點，
與一個全新的遠景！

為什麼我們離不開
有毒的人際關係？
78個原則，贏回人生主導權

人際剝削

洪培芸 臨床心理師

【前言】

關於人際剝削的八個提問

人生的幸福與痛苦，都與人有關，因為我們一生都活在關係裡頭，而痛苦，就來自於關係裡的剝削。差別只在於，你是被剝削的人，還是剝削別人的人。但是無論被剝削，還是剝削別人，最終都一樣，個個是輸家，沒人是贏家。

首當其衝，是被剝削的人。被剝削者情緒變得低落，甚至憂鬱，習得無助，對於自己有著更加強烈且負向的評價，對於生活失去控制感，對於人生，乃至於未來，則是感到絕望，甚至染上不好的行為，來逃避或作為情緒宣洩，甚至是罹患嚴重的精神疾病。

而長期剝削別人的人，並沒有比較好。因為身邊的人陸續遠離，無論是直接逃離，還是拉開遠遠的心理距離。他不是孤芳自賞，曲高和寡，而是待在自己親手建築的牢牆內，懊悔盤旋在心中繞，吶喊只有自己聽得到。

每個人都一樣。我們都在意社會的眼光，我們都在意別人對我們的評價。在人際關係裡，我們都希望被接納，都希望能安身立命，能有個自在並且安心的避風港。然而生命裡最大的風雨，往往都在家裡；最痛苦的劇情，往往都是人情。無論是親情、愛情、友情或各種場域裡的情感羈絆與人際關係。

當關係裡的痛苦解決不了，每個人都會好想逃，逃到另一段關係裡，逃到天涯海角。只是我們就像蝸牛，背著同一個殼，去到下一個地方。殼裡面的風暴，會在下一個地方繼續上演，甚至掀起更大的驚濤駭浪，接著又變成另一個想逃的地方。反覆著，循環著，最後讓我們過著糾結與痛苦的一生。

其實關係裡的問題無所遁逃，也無須遁逃。只要願意面對，持續學習，用對方法，我們一定能夠在關係裡，找到可以調整的地方，讓這段關係逐漸變得舒適及安穩，讓此地成為你想回去的家。**只是我們都有著思維上的盲點，還有情感上的糾結。**

什麼是思維上的盲點？例如無效的信念、過時的觀點。而什麼是情緒上的糾結？例如高漲的憤怒，過度的恐懼及擔憂。

思維讓我們用錯了方法，情緒侷限了內在的能量，所以幾次嘗試失敗之後，負向經驗就變成了密密的網，讓我們不再嘗試，放棄努力，束縛了自己，也扼殺了關係變好的可能性。

那麼，人際剝削到底是什麼？它是怎麼產生的？又是如何作用？常見於哪些人？長期下來會有怎樣的結果？真的有避免及改善的可能嗎？

關於人際剝削的八個提問：

一、什麼是人際剝削？

人際剝削（Interpersonal Exploitation），它的**起源**是，當一個人無法處理個人內在的議題，例如貧乏、空洞、自我中心、自卑、低自尊、自我效能感低落、自我價值感薄弱、負向自我形象、負向情緒……乃至於不完整的自我，因而在人際關係中，以透過不公平的**方式**，讓人感到不愉快，甚至是殘忍的方式壓榨對方，意圖使人來完成自己的目的。

而**目的**是什麼呢？就是符合自己心中的價值，補償自己內在的空虛，轉移自身問題的焦點，來獲得暫時性的情緒緩解，或者藉此擁有對於生活及人生的控制感。

人際剝削的方式，不一定是直接威逼、恐嚇及要脅，更多時候，是間接，甚至是變形，也就是反向的方式。

例如作為「弱者」。因為弱者往往最能站得住腳。弱，可以獲得外在他人的同情與包容；弱，可以更加肯定看來是弱勢，實則是剝削的行為，有其合理性。因為我深信著，我就是這麼可憐脆弱，我就是如此善良柔弱，也因此行為背後真正的動機、起源及脈絡，更是難以釐清。

旁人看不穿，自己看不清，所以也就更難走向改變這條路，讓人際關係裡，因剝削造成的所有痛苦，最終成為了互為因果的惡性循環。

二、為什麼會有人際剝削？

因為我們都有著從原生家庭而來的生命課題，我們也都在日復一日的生活中碰碰撞

撞，持續累積著負向情緒。

而這大至生命課題，小到日常生活中的摩擦及碰撞，都有著內在黑洞持續在呼喚。有些是我們的心理狀態，有些是負向情緒。它們必須要有對應及出口，讓心理狀態現身，讓情緒流淌出來。而人際剝削，就是它們現身及流淌出來的方式及手段。

三、如何辨識人際剝削？

辨識，從你的感受作為起點。理性是學習，感性是天生。當你主觀感受上出現不舒適、不好受，甚至已經感到痛苦難捱，這些都是提醒的訊號。只是我們往往忽視不理、壓抑，甚至自以為能夠駕馭。而抱怨，也是一個辨識的參考點。

四、人際剝削為什麼會難以辨識？

因為我們都想做個「好人」。因為我們的文化，也是如此鼓勵著。所以對於好女人、好男人有著各式各樣的要求及標準，沒有因時、因地、因事，還有因人而調整。

但是，「好」錯了嗎？「好」並沒有錯，錯是錯在這裡的「好」，是浮濫的好，是鄉愿的好。是自以為正義，自以為良善的好，沒有原則，也沒有洞見。

當我們持續當個自以為是的好人，不管是在同溫層裡取暖，或者為了符合社會文化及傳統的價值觀，我們就會在假象裡面，持續自我感覺良好；**覺得我的痛苦、犧牲及委屈，有著忍辱負重的使命，顧全大局的光輝**。而且身邊的其他人都是這麼做，社會上的多數人也是這樣過來的。

但是別忘了，其他人、多數人選擇的方式，泰半都是隨波逐流；獲得的結果，就是「不滿意」，擁有的感受，都是「不好受」。此外，難以辨識的原因，還有「驕傲」。在這裡，**我要特別提醒的是，「弱者」心中的驕傲**。

強者的驕傲，我們能理解及推想。真正難以辨識的，是屬於弱者心中的驕傲。因為驕傲，正是否認問題的根源。越是驕傲，越會否認問題。對於自己持續，但卻有毒的行為模式，自己對他人的錯誤理解及詮釋，更加固執，並且堅信不移。

弱者心中的驕傲，多半難以被看到，包含他們自己。因為他們表現出來的是哀傷、委屈及可憐，而這非常違反我們的直覺。我們常無法理解弱與驕傲怎麼會畫上等號，怎麼會是天秤的同一邊。

五、人際剝削最常發生在哪些人身上？

內在空洞貧乏、內在自卑及無能感、低自尊、低自我效能感、低自我價值感、負向自我形象、有著各式各樣負向情緒的人……乃至於擁有不完整的自我的人，都有可能。因為**它是一個循環的歷程**，在原初關係裡的壓抑及困難，往往會被帶到後續的關係裡，進行剝削及破壞。

六、最容易人際剝削他人的是哪些人？最容易被人際剝削的又是哪些人？

往往是不願意面對自己的人。無論是剝削別人，還是被剝削的人，都有不願意面對自己的一面。

這是一切的起點。尤其我們要清楚辨識出關係裡所有可能的既得利益。也就是，如果沒有任何好處，那麼惡性循環的關係，也是無法維持的。

人際剝削

例如一個在關係裡忍氣吞聲，且離開職場多年的人。若要他們離開關係，可能就會面臨到經濟上的難題；而待在關係裡，就不用面對重新進入職場的考驗，承受著不確定性的折騰與不安，還有生活品質變動的風險。而**「既得利益」是人人都不願意承認的，但唯有看見與承認，才能終止惡性循環**，看到突破點。

最容易剝削他人的人，通常有著更明顯的「自我中心」傾向。為了模糊自身問題的焦點，為了轉移注意力，為了填滿內在的空虛，讓痛苦高漲的情緒能夠暫時緩解，或者藉此擁有對生活的控制感。

透過剝削，讓別人必須退讓、配合及妥協，來服膺自己的需要。因為我的需要，比你的更加重要；我的想法，比你的更是王道。

最容易被剝削的人，則有明顯的低自尊、低自我效能感、低自我價值感。他們有一部分內在，是無法相信自己。不相信自己的判斷，不相信自己的能力，甚至不相信自己的感受，不相信自己的存在價值。

另一部分的內在，則是太過恐懼。別小看「恐懼」兩個字，恐懼是我們一生都要對抗的課題。除了恐懼的內容有一大部分是自己想像出來的之外，還有恐懼也會讓我們限縮自信，喪失能量，連嘗試都不試，直接舉起白旗。

人際關係是持續變化、交互作用，相當複雜的系統。而上述心理狀態及特質，並不是全有或全無的概念，而是每個人都會有，如同向度，由少到多；在不同關係裡，表現也會各有不同。

七、一個長久被人際剝削的人，會變成如何？

每一個崩壞的人，都是從正常開始。被剝削的人，剛開始還能維持社會功能，能夠工作，能夠往來於各種人際關係中，能夠維持一般生活。但是久而久之，心理狀態及人格就會變得扭曲，就像毒素流淌在血液裡面，所以遠觀不明顯，但是細節卻逐漸彰顯，陸續現身。

你會開始覺得，他變得怪怪的，但是又說不上來。例如想法偏激、情緒不穩、行為失控，這些都是從程度輕微，逐漸變得程度劇烈，從只有一點點，到影響全面。然後，他們可能會在其他關係裡，去剝削別人。更可能出現身心症狀，例如憂鬱、焦慮、飲食失調、睡眠障礙……等。甚至是傷害自己的舉止，例如自殺嘗試；還有傷害別人，無論是精神暴力，還是肢體攻擊。

八、我們該如何面對人際剝削？

如何面對人際剝削？**其中的關鍵，就是願意面對**。願意面對，才是變好的起點，也唯有願意面對，那麼，這本書裡的各式心理師處方箋，才會有被用在關係裡的可能。

面對什麼呢？就是「自己」。辨識出屬於自己的課題，接著承認自己的課題，擔起自己必須改變，還有接下來，成長的責任。

應對方法，化為具體步驟是：

1感受先行：

你必須學習「了解自我情緒」，也就是**情緒覺察、情緒辨識、情緒理解**。

情緒覺察，就是你感受到你被剝削了，例如被羞辱、被貶抑、被軟土深掘、被得寸進尺……而感到生氣、委屈、焦慮、憂鬱……等相關情緒。簡言之，覺察，就是發現自己「有」不舒服的相關情緒。

情緒辨識，則是進一步分辨出不舒服的情緒，到底屬於哪一種情緒。是焦慮？

還是憂鬱？是生氣？還是委屈？還是全部都有？只是一時之間，難以辨清。

情緒理解，則是更進一步去看，引起上述情緒的相關線索。對象、時間、環境，還有自己的狀態又是如何，也就是當下自己的狀態，也可能導致對情緒理解的誤判。

2 及早處理，永遠不遲：

關係裡的剝削及痛苦，往往都是日積月累，直到無力可回天。而到了定型的那一天，就是陷入惡性循環，因為百廢待舉，想要改變，更是難上加難。

所以，要化為具體行動，就是**及早設立界線，認識清楚自己的底限**。該說的，該拒絕的，該表態的，無須客氣多禮，或者不好意思。

因為**「不好意思」反映出來的，其實是自己的內在課題**：例如自卑、自我價值感低落……然後你會發現，問題又回到了原點，就是不完整的自我，讓人際剝削得以成立，並且持續運作，痛苦不已。

人際剝削

我們都想要過好我們這一生。而人際關係又是影響我們對於人生滿意與否的關鍵。所以在關係裡，就要學著不被人剝削或者剝削別人。

擁有人生主導權，你才能過上你想要的人生，不是複製著前人的版本，最後哀嘆過一生，而是能成為自己人生真正的贏家。

痛苦抑或幸福，懊悔抑或滿足，都是我們自己承受，也是我們自己享受。幸福始於自我的完整，還有人際關係的圓滿，只是這些從來都無法一步到位。但是，只要願意面對，學習改變，那麼過好這一生，絕對有可能；而且，就是「你真心想要的人生」。

【推薦序一】

打破人際剝削的共生狀態

◎張國洋（《大人學》共同創辦人）

人世之間最難的課題，恐怕就是人際關係這件事了。

無論在職場、在戀愛、在友情，甚至在親子與家人之間，關係的經營總是很多人一輩子的痛。每個人都希望自己是好人，也都希望周圍的人好，但很多時候，卻不知不覺地走上剝削別人，甚或是自我剝削的路。

但什麼是人際剝削（Interpersonal Exploitation）呢？培芸心理師在書中有這麼一段定義：「在人際關係中，以透過不公平的方式，讓人感到不愉快，甚至是殘忍的方式

人際剝削

壓榨對方，而達成自己的目的。」

看到這裡，你心裡想的或許是某個個性很差的主管，或是某個難搞的客戶吧？

當然，這類人很可能是心理上完全不在意我們，而能輕易地用力剝削我們的典型。但其實人際剝削這議題更麻煩之處，在於有時侯剝削並不是出自於當事人惡意的念頭，也未必出現在無關係的外人身上。因為惡意的剝削，你、我很容易察覺。外人的剝削也常常很清楚、明白。只要兩造之間沒有權力的不對等，或是我們沒有有求於對方，有很高的機會，我們是可以輕易地拒絕。

但真正麻煩的剝削狀態，在於親人之間的要求。比方說你我的家人、自己的另一半，或是父母以及公婆或岳父、岳母之類。他們以「這是為你好」為起手式，勉強我們配合一些世俗上看似也合理，但自己卻可能得忍耐或是妥協的要求。

再來，我們常常會以為，吃過苦的人，更能體貼別人。但其實真相是剛好相反。你若認真觀察，人際的剝削常常是持續地傳承。年輕時飽受欺壓的媳婦，等到當上婆婆時，也會變得挑剔與難相處。但通常當事人自己是不自覺的，甚至對方可能努力想當個好人，外顯的形象也是好人，甚至自己都覺得自己是好婆婆，但就是會「不自覺」地做出了一些不合理的要求。她們覺得：我當年也是這樣啊，為何現在的你就做不到呢？當年我的忍耐可造就了現在的我哩，所以「為了你好」或「為了家人好」，我也理所當然地要求你在食物上面、整齊上面、洗衣上面、打掃上面、等等等各面向上，也要能做好、做滿。

培芸寫的好，她在書中說：「父母都曾經是受傷的孩子，婆婆也曾經是受委屈的媳婦」。人際剝削常常變成了一種共同經驗，一代傳一代。

我印象中，之前讀羅伯特・席爾迪尼（Robert Cialdini）的《影響力》（*Influence*）這本書時，他提到當我們為某個規則付出的努力越多，這個規則對我們的影響也就越大。比方說很多大學的新生入學會有艱苦的兄弟會的入學儀式，或是一些組織團體也會有很難達成的入會儀式。有些儀式甚至到了不合理的狀況。初參加者通常會因為其艱辛而抱怨連連。但越是能忍受度過這些挑戰的人，越會在日後用力維護這樣的傳統。其實人際剝削也是如此。一開始當事人身在其中都是不開心的，也是痛苦的，可是忍受過去之後，又反而會以此來要求後進者。

所以你會發現很多家庭不斷在複製。夫妻關係不順利就壓迫親子關係。孩子長大了，又變成了不良的妻子或是丈夫。他們在關係中感受到不快樂，就又無意識地把壓力往更弱的一環去。而這更弱的可能是媳婦，可能是兒子，可能是女兒。於是家庭複製，一代傳給一代。

你想想，這是很可怕的狀況。因為放眼望去，搞不好人人都有心裡的不滿，卻始終無法打破；甚至自己不知不覺，只是無意識地往下欺壓。所以這本書我覺得很值得一看。因為我們如果能在某個環節中打破這個持續的複製，就能讓不快樂終止，也不要再讓下一代繼承這些不愉快。

可是要打破，你必須知道問題的表徵。你尤其必須知道怎麼建立屬於你的優越感。培芸這段寫到：「人際關係裡，為什麼時常會有剝削的情形？因為人都有想要感到優越、獲得控制感的欲望；因為人都有失去歸屬感、安全感和依靠的恐懼。剝削與被剝削，從來都是相輔相成，一體兩面。」

換言之，剝削是一種共生關係。沒有自我優越感的人，會想依靠控制他人來取得；但同樣地，沒有優越感的人，也可能想透過讓別人依賴以及討好別人（看到別人開心）來取得。可是這樣獲得的自我優越並不牢靠。所以，我們得學會怎麼樣真正地自我肯定，怎麼從自我發自內心地獲得充實，從此不再欺壓別人，也不再仰賴討好別人。

所以，若能深刻地了解自己的不足，學會填滿空洞，讓我們都能成為獨立又高自尊的人，不讓剝削的狀態傳承下去，隨著持續地努力，那最後，總有一個時期，你我的周圍，人人都能活得更健康與自在，也都能讓每個人在心裡上真正的獨立與自主。

【推薦序二】

十八個月的觀察視角——我閱讀的洪培芸

◎謝文憲（知名講師、作家、主持人）

一年半前，我與本書作者洪培芸相識於一堂寫作的課程。一如往常，我看著每位學員的部落格文章，從結構、標題、人物描寫、文章學習到切入角度等，我仔細地用錄音檔，給出我的粗淺建議。

課前，我們並不太熟，但就在上課當天，培芸獨特的氣質深深吸引著我。她靜靜地聆聽著課程，積極參與小組討論，時而微笑，時而沉思。我很清楚寫作是難教的，出書是難教的，大紅更是求之不得的。一個班級二十餘人，最後能夠出書的同學，其實屈指可數。不過，如今，培芸都做到了。

課後有兩次在我擔任新書推薦人的朋友新書發表會上遇見她。她依然靜靜地坐在席間，兩場結束時，她都過來跟我打招呼。我關心地問著她：「下一本就是你囉！」

她笑著，眼神中透露了自信。

我知道她一定做得到，那是我獨特的敏銳度，因為我在其他場合都不會遇見她，唯獨在朋友的新書發表會上。

「寫作，是自我療癒的過程」，對她、對我都是。

沒多久，她的部落格文章數量，有如浪潮般地席捲而來；精緻的品質，每每看了，總是觸動我的內心。我幾乎天天看著她的IG（她可能都不知道）。一年多來，我持續地看著她的文章，更持續看她健身、練瑜珈（人美，身材好）。

沒多久，她收到了專欄寫作的邀約。一段時間後，她就拿到新書的出版合約。

一切看似平凡合理，不過，其中的辛酸與如今甜美的果實，我想特別談談三件事：

1生命歷程：別看她年紀輕輕，我相信任何傑出的寫作者，都是擁有豐沛的生命厚度與人生歷練。她曾走過低谷，很開心如今她能迎向陽光。

2寫作紀律：我最能證明她一路走來的歷程。「沒有人是天生的，大家都是媽生的」。她將臨床上的實例經過轉換，用她獨特的視角、精準的觀察角度，持續鍛鍊寫作肌肉，完成如今的大作，非常值得一讀。

3「故事案例在前，臨床心理師的處方箋在後」：先說案例，再說道理，篇篇直指人心。貼近人的感性故事，配上理性的專業論述，每一篇都讓我覺得，好像主角我都認識。我想，這就是共鳴吧！

我花了三天的空餘時間看完全部書稿。培芸的寫作方式讓我大為驚豔，忝為她的老師，我真心感覺驕傲。尤其我長期撰寫職場專欄，對於「職場裡的人際剝削」諸多篇章，更有所感。

那些職場單身者、「順便一下」的好好先生、愛計較的同事、自信與自大、好為人師等篇，看著看著，我都覺得這些男、女主角，不都時常出現在我身邊嗎？有時好笑，有時又感覺悲哀。

而培芸做到我所做不到的寫作領域是：「用心理師的專業視角，去看待這些人際剝削的議題」。本書非常值得一讀。

誠摯地推薦給大家。看她的書，很療癒！

【推薦序三】

剝削他人或被剝削，都是因為不完整的自我

◎賴奕菁（精神科醫師；《好女人受的傷最重》作者）

有時候，你會不會想要自己一個人就好？

生而為人啊，看似是獨立的個體，但每個人都是在複雜的網絡中生活著。不僅僅是血親、姻親，還有同學、同事、鄰里，甚至無遠弗屆的網路社群。

四面八方，無所不在的「他人」，每個人都像球池裡的一顆塑膠球，在現代社會嚴酷的生存壓力下，卡在彼此緊貼又擠壓的縫隙裡，要怎樣才能撐住，不崩潰呢？不禁讓人屢屢感

嘆著做人好累。

不僅維持生活壓力龐大，人際上的壓力也無所不在。而大家的時間與精力都有限，當然就會有人想壓榨他人，來讓自己輕鬆點。這些人屢屢踩著別人的神經線，造成旁人的壓力。然而，卻鮮少有人認為自己是別人的壓力源，還以為自己的要求或行為沒什麼。例如：婆婆交代媳婦做這、做那，丈夫卻在家攤成爛泥，或只要看到有人出國就伸手討禮物……這些，偶一為之還行，但前提是得要「互相」，就像雙人舞步，時進時退，融洽而平衡。因為若今天都是我方頻頻退讓與付出，那麼，對方何時要還呢？

人性是極度「厭惡不公」的。過往有一個心理實驗，研究者提供固定金額的現金，由參與實驗的兩個陌生人A與B共同分配。當由A決定分錢的比例時，B可以決定自己接不接受。如果B願意接受，那麼雙方就能拿走各自的金額。但如果B不願接受，則兩人都拿不到錢。

如果你是A，會不會私心想自己多分一點，給對方少一點？但如果你是B，發現對方太貪心，留給自己的過少，你會寧可選擇忍耐，有錢就好？還是寧可自己什麼都不要，也不讓對方稱心如意？

最後的結果，當然是分配愈平均，成交的機率愈高。因此，太明顯的不公平，人們是寧可破局，也不願意接受被虧待。

人際剝削

類似的實驗只能用在陌生人，因為金錢的數目相對容易計算。但是熟人之間的人情、道德、慣例、名聲、情感……之類的統統攪在一起時，又要怎麼判斷呢？到底何時該忍耐？甚至自省，對方做了什麼，才算越界？而如果自己太過委屈，是不是應該抗議？甚至反擊呢？洪培芸臨床心理師對於人際關係的觀察透澈，在她這本新作裡，直指「人際剝削」只是結果，最根本的原因是「不完整的自我」。

因為自我的不足，而想要挖別人來補自己，或是因為自卑，所以得綁架別人的重視與肯定。我們如果能透視剝削他人者的內心，恐怕不似外顯的那樣強悍，而是問題重重。

面對這類理直氣壯、情緒勒索，或是過度客氣的要求，或許我們就可以先思考一下，先對對方提出質疑，而非像以前那樣忙不迭地立刻照辦。

相對地，如果我們總是承受著他人剝削的那一方，問題也出在不完整的自我，而願意接受一而再，再而三地讓步。

我很贊同洪心理師在書中的觀點。拉長成一輩子來看，我們此生的時時刻刻都是在改變與完整自我的歷程。是「完整」，而不需要完美。誰都知道沒有人是完美的，更非要完美，才有資格活著。

這世界，其實是每個人都以自己完整而獨特的形狀存在的，所以，比起球池裡制式的塑膠圓球，我們更像是在拉坏的創作者，這邊添一點，那邊弄凹些。在每天的生活裡，形塑期望的自我。

人會遇到的關係問題，萬變不離其宗，出不了以下這幾項：在家就有親子問題，長大談戀愛就遇到男女相處，結婚就出現夫妻、婆媳、姑嫂……等問題，至於工作，不免在職場上與同事衝突，但終於生了小孩，也可能發現不如己意，孩子成天頂嘴加叛逆。這些問題是人們普遍的困境，每大在各個角落不斷地發生。若你不相信，翻翻這本書找找，有沒有某些情節，甚至對話，跟自己的狀況好像呢？沒有誰的問題是特有的，眾人都只是各自困在自己的情境裡。

每一個難題與困境，也正是人生出的修練題。想得透澈，因應得好，人生反能因此更幸福，自我也更加完整。而當人生給你出題時，並非生病，你不需要去精神科掛門診，如果問題也還沒有迫切到需要約心理師，進治療室會談的話，那麼，看書自修是我最建議的方式。買書就是讓專家的智慧跟著你回家，慢慢對談，慢慢思考。尤其書裡面的章節是獨立的，你可以看一段之後放著，隨時再接上。你可以一個主題接一個地釐清、決定，然後採取行動。

同樣與洪心理師都身為心理工作者，我常感嘆的是，我一次只能談一個病人。即使窮其一生，我也治療不了多少人。

我對患者講過的話，當遇到不同的患者時，就還是得再講一次，重複到覺得自己像個錄音機。

我相信洪心理師也有一樣的感覺。心理治療每次只能做一位，而每個個案都曠日廢時。即使是寫文章，看到的人雖多，但卻散落各處，缺乏整合。所以她苦心寫了這本書，灌進她的人生經驗與滿滿的智慧。

因此，當你帶走這本書，就像請了一位私人治療師回家，隨時隨地能陪你心靈深談，相當划算啊。

【自序】

眼淚不只是悲傷

從磨難中，磨出蛻變的力量。從傷痛中，看見屬於你的風華

我是一位臨床心理師。是女兒，是妹妹，是小姑，是許多人的朋友，也曾經有過妻子、還有媳婦的身分。工作十年，地點從精神專科醫院，走到了社區，還有學校。所有來求助的痛苦，都不出人際關係裡的盤根錯節，也就是「被人剝削」。這些故事我聽聞了太多，而有些情節，我還曾經參與過，親身體驗過。那些流淌過的眼淚都很苦，也很鹹。

「只要你生小孩，男人就會成長，就能學會負責。」

「要不是你這麼沒用，我怎麼會這麼辛苦？你們家就只會出一張嘴，自以為是好人。」

「都是因為你沒有生小孩，婚姻才會出問題；都是因為你沒幫他洗衣服，他才會外遇。」

「要不是為你好，我才懶得說這麼多。你這是身在福中不知福。」

以上對話來自於誰，並不重要。因為許多人都曾經聽過，耳熟能詳；甚至還不時遇到，無處可逃。

許多人找我談心事，無論是工作場域，還是私生活領域，我總是收到無數的求助訊號。親子教養、父母偏心、情侶變心、曖昧外遇、夫妻失和、婆媳角力、職場勾心鬥角……數不盡的題材，人人都有困擾，誰能沒有煩惱？差別只在於大家端上來的菜，是哪一道。

朋友總說，跟你講心事真好。一是專業，二是不收費，三是保密，四是有效。前面三點，我覺得第二點才是重點。最後一點，那是因為，當你看過太多的人生劇本，多數的人生苦難都是換湯不換藥。有些是自己找的麻煩，自己緊守不放的執念，有些則是來自別人的得寸進尺，別人的軟上深掘。而最為常見的就是互為因果，兩相加乘下，「剝削」與「被剝削」變成了死結。

在我人生最低潮的那一年，跟多數人一樣，有過不想活的念頭，我在心中死過無數回。

受重傷後的每個瞬間，我都有機會變成一條毒蛇，去反擊這些在關係裡剝削我、傷害我的人。可是我沒有，即使很痛，即使很難過。

不是因為我修養甚好，更不是因為我神經大條。而是因為我深切知道，剝削別人不會有更好的結果。

剝削別人，可以轉移心中的痛楚，圖得一時痛快，可是長遠下來，只是把「受害者」這個角色演得稱職又熟練，然後把悲劇活成了我的這一生。

學習與成長，終止人際剝削；擁有人生主導權，你的人生就會有新解

我做了什麼呢？我看見我內心的軟弱。我承認我在意，也畏懼社會的眼光，

還有未知的一切，沒人可以給我保證。所以，我要自己持續進修，跨界學習還有成長。因為現有的資源不足以去克服它。

克服什麼呢？克服受重傷以後，內心的憤怒及委屈必須有出口，所以「想要剝削別人的衝動」；還有，去克服如果我選擇了聽天由命、隱忍，並且隨波逐流，是因為「內心的脆弱及軟弱」。

不要站在原地哭泣。
就算淚水止不住，也要同時前進

這句話，是我的人生座右銘。

我看到無數的個案傷心流淚，反覆在關係裡遍體鱗傷。我知道改變很難，我也知道，成長很辛苦，它從來不是輕鬆甜美，更無法一步到位。

可是，我也時常想，我們活了這麼多年，過去的經驗都在告訴我們，只要開始就不嫌晚，滴水穿石，還有量變導致質變的智慧，為什麼不能用在我們現在的難關？為什麼不能用來打造接下來的人生呢？更何況我們的壽命越來越長了，你很有可能長命百歲。你還要忍耐多少年？這往往會比你以為的，更加多年。

願我們只是辛苦一陣子，而不是痛苦一輩子

人生充滿奧祕，生命劇本充滿了無限的可能性。在許多細微的環節裡，你都有選擇的機會，有煞車的空間，可是站在原地，持續怨天尤人，就會停在原點，持續被人剝削，甚至進而剝削別人。

回想諮商過的所有個案，身邊的親友，所有來找我求助過的人，當然最深刻無比的，就是我親身的經驗。

如果我當年選擇的是怨嘆老天不公，想要報復洩恨，持續自怨自憐，而不是看到每一個剝削別人的人，都有他的故事及心理歷程，甚至，也都有好的部分。現在，我不會擁有在這裡寫書的機會。當然更感謝寶瓶文化的純玲副總編輯，不僅是她的溫柔細膩，更重要的是她的慧眼獨具。她給了我最適合我的好題材，我才能完成迅速，並且書寫精準。

人際剝削

我們終其一生都活在人際關係裡面。好的人際關係，是禮物；不好的人際關係，都很毒

我想跟大家分享的是，許多在關係裡剝削別人的人，都有自己的困難及盲點。還有，他們往往也都過不好自己的人生。只要學著分析、辨識及應對剝削你的人，你的人生就有進化的可能。

我的經驗並不獨特，我受傷也很痛。所有流過的眼淚，都成為了我對生命最深刻的體會。

我沒有天賦異稟，但我相信，每個人都蘊藏著自己目前還沒看到的潛能。持續挖掘，就能跨越。

希望我們都能終止人際剝削，一起成長與蛻變。二十年後，當你回顧你的人生，你會感謝你自己，當年做了正確的決定，為自己的人生開創新局，進化到了更好的版本。

輯二　婚姻裡的人際剝削：沒有原則，你的善良一文不值

輯三　親情裡的人際剝削：

那些以愛之名的期待，以血緣為由的枷鎖

輯四　職場裡的人際剝削：

當你拒絕被剝削，卻被貼上愛計較的標籤

輯五　愛情裡的人際剝削：

不斷退讓，對方不會感激，只會吞噬我們的自尊

輯一

女人與女人之間的人際剝削：

人生最大的痛苦，
是先委屈了自己，
接著扭曲自己

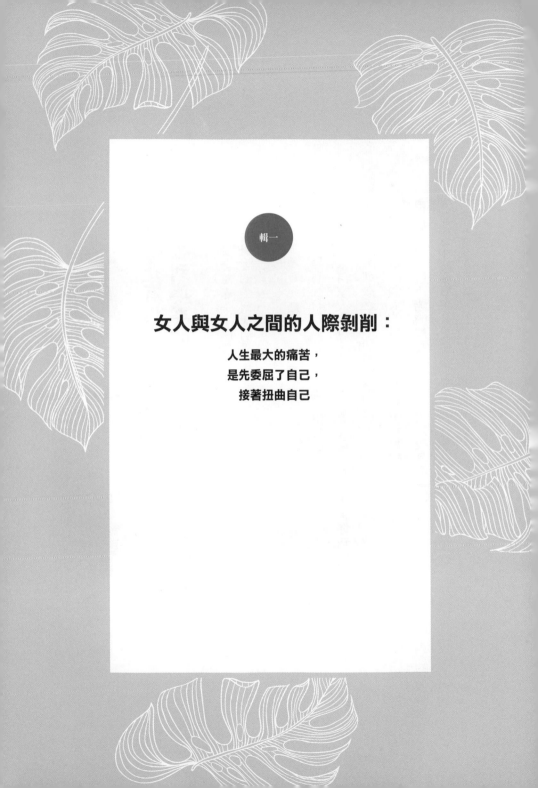

「你到底是有沒有打算要生啊？」當媳婦接到婆婆的催生電話……

保持「安全距離」，既能保護自己，也能讓對方意識到你的界限。

「你到底是有沒有打算要生啊？都沒在計畫嗎？」

電話那端來自家人焦急、催促又帶著逼迫的聲音，讓你在下了班的傍晚疲憊不堪，同時煩躁、惱怒，欲振乏力，卻又繃緊神經。

「生小孩是兩個人的事啊！怎麼都是對我說呢？怎麼都把壓力丟給我呢？」

你揉著眉心散不開的煩憂，只希望這類美其名是關心及叮嚀，實則層出不窮的嘮叨及壓力，可以越少越好。

關於生小孩這回事，女人總是扛得比男人多

催生的壓力，單身、已婚的女性其實都曾經面臨過。進入婚姻的人，則是更能真實感受，因為**全世界的人彷彿都有了許可證，可以來問候你的卵巢和子宮**。

然而有趣的是，大家都說婚姻是兩個人的結合，或者是兩個家庭的結合，但是你會發現，關於生小孩這回事，女人總是扛得比男人多。

懷胎九月的所有辛勞，那些身體不適，吃不下，睡不好，或者為孩子好，一人吃兩人補，只要能夠讓孩子擁有健康、不過敏的體質，任何你毫無食慾的食材或補品，你還是一口一口地吞下去。

更別說這段時間身材變形，更是摧毀自信，打擊自尊。因為我們都知道，這個社會對於美麗是如此重視。而當代社會所標榜的美麗，就等同於苗條、纖細，然而這與孕婦的合理身形完全是背道而馳。

還有一想到孩子呱呱墜地，到底健不健康，成長過程中，與照顧者的依附關係品質又是怎麼樣，還有往後的所有開銷：學雜費、生活費及額外支出，以及他或她可能面臨的各式各樣問題，人際關係、學習品質及效率，還有快樂不快樂。

作為一個母親，一個理想、稱職及夠好的母親，這些壓力即使在小孩尚未落地，就已經如影隨形跟著你。

你在對抗的，是這整個社會體制對於女性的壓迫

關於被催生，你說男人沒有嗎？有。但不會有你的多，更不會有你遇到的兇猛。

婆婆會來問你，媽媽更是。婆婆捨不得給兒子壓力，所以問你。岳母也不會，因為這彷彿在問候女婿平時恩愛幾次，加上岳母面對女婿如同初戀情人，不只是越看越有趣而已，更多時候是害羞得緊。

身為女人，你勢必會面臨到，旁人難以預料及想像的那種恐怖和張力。你不生，怎麼給人家交代？你不生，彷彿你的身體有什麼毛病。你不生，如何抵擋親戚鄰里的好奇及關心。

大家只會叫你生，沒人管你們夫妻倆早有共識。

大家只會麻煩你，因為你是女孩子。

你覺得委屈，你胸中的苦澀滿溢，但是你說得再多，也是人微言輕，因為你在對抗的，是這整個社會體制對於女性的壓迫。

明明是隱私話題，在這時，卻成了公眾議題。而且要求你的人可能從沒想過，生育有時還涉及了「不孕」這個當事者心痛，但不便說明的難題。

女人彷彿背著十字架，要迎合外在的眼光，屈從世俗的要求，無論是原生娘家的、姻親夫家的、街坊鄰里的、遠房親戚的、隔壁同事的、直屬上司的，甚至是無關緊要的閒雜

人等的。

你會發現，人人都說為你好，但沒人知道，在你心中，這些一點都不好。

這些嘮叨，這些叨擾，這些擾人清夢的一字一句，都堆疊成為你心中無數根稻草，只待何年何月何日，就會徹底壓垮或引爆。

女人的為難，有多少人知道？

接受更多教育的女性，看似選擇變多了，變得自由了，然而**同時角色也變得更多，隨之而來的責任、包袱、要求，甚至是自我期待**。前三者來自於外在，當然也有來自於我們內在，對於自我的期盼。

當外在壓力與內在資源出現不一致時，就成為了壓力。

你可以試著看透這些話語背後的意涵，那些干涉底層的核心，並且持續辨識，刻意練習。

◇◇◇◇◇◇◇◇◇◇◇◇◇◇◇◇ 臨床心理師的處方箋

1 看穿家人背後的「善意」

這需要「學習」，而且要「刻意練習」，並且持續不懈地「提醒自己」。

很難、很辛苦，我都知道，但這是必須。

家人不一定會是最了解我們的人，而是帶著他的視野，他自己的生命經驗，來給予我們提點。然而任何人的視野及生命經驗，終究會有侷限，終究會有盲點。

如果我們不去學習看穿家人的內心，背後的良善動機，那麼最親密的家人，就會變成距離最近的敵人；最愛你的人，往往也將傷害你最深。

2看透表面的「假議題」

很多時候，我們都是跟隨著對方拋給我們的刁難、挑釁、質疑、要求、命令、指責……在回應，還有起舞。所以，總是「一波未平，一波又起」。加上一波還能「三折」，你就更是感受到做人如此艱辛。

人際相處有如箭在弦上，分分秒秒都是如履薄冰。

有人認為婚姻美滿的方程式，生了孩子就是王道，有了後代就是解藥。他們有他們的世界觀及信仰，而有些人更是熱衷干涉別人的人生選項，所以每逢見面，總是耳提面命，甚至如同恫嚇，但是你知道，社會變遷如此快，教育制度總是一改再改，你有你的考量及為難。

更重要的是，**你的人生，不是用來服膺別人的自我中心及教條**。

3 保持「安全距離」，並不代表疏離

有些人朝夕相處，也有些人一日相處數小時，當然也有些人是逢年過節，才會相聚在一起。

無論哪一種人際關係，都免不了交集。遠距離？還是近距離？**只要會讓你感到芒刺在背，心理不舒適的，我們就該用心思考「界線」和「距離」這回事**。

恰到好處的人際關係，都有著適可而止的分際；過度涉入的人際關係，就讓侵門踏戶逐漸成形。

保持安全距離，並不會讓你失去這段關係，而是能夠保護自己，同時也讓對方清楚認識到，你的尊嚴，你的選擇不容小覷。

身為女人，多麼美好，因為我們總是能給予別人細膩的體貼，溫暖的依靠，所以別忘了，能夠帶給別人力量的你，更應該回過頭，挹注到自己的身上，還有你內心真正的需要。

當面臨人際剝削，我們習慣先投降，想要在關係裡面當個順從的好人，這有很大一部分原因是我們潛意識裡的自我就是矮人一截，所以覺得自己沒有表達真實意見及想法的權利，當然也就沒有談判的籌碼及空間，但這往往有很大一部分是畫地自限，甚至是自我設障。

當未來的婆婆說：「你配不上我兒子！」

丈夫是決定婆媳關係的關鍵角色。

丈夫必須有意識，並且及早在原生家庭及婚後家庭做好區隔，界定好責任及範疇。

華人家庭的人際關係總是相當緊密，而其中亙古難解，總是有說不完的故事，也是許多人茶餘飯後，左鄰右舍信手就能拈來的話題，那就是婆媳關係。

正巧，我剛觀賞了一部相當精采，由華裔演員主演的浪漫喜劇愛情片《瘋狂亞洲富豪》。裡面的麻將戲，正完美演繹了婆媳間的角力，也讓我想起諮商室，或者親友對話裡，女人何苦為難女人，男人夾在中間左右為難的諸多案例。

「她根本就配不上我兒子！」

她吐了這麼一句，說的是與她兒子從大學三年級開始戀愛，至今交往四年的女友。

她的兒子目前正在攻讀碩士，估計也快畢業了，而女生則在出版社擔任小編輯，其實倒也是勤懇、務實，就不知道為何讓她如此眼裡帶刺。

「小倆口不是挺好的嗎？聽起來相處和睦，脾氣也不錯，兩人挺般配的啊。」身為晚輩的我，小心翼翼地回答。

「般配？她才大學畢業！而且外型樸素，平凡不起眼，總之，沒有我的緣！」她喝了口茶，順了順哽在她胸口的那股氣。

我回想起這位長輩的婚姻故事，尤其她所親身經歷的婆媳關係，就是一段辛苦的過去，甚至直到現在仍是。

她的婆婆生性勤儉，加上食量小，熬一鍋湯、煮一頓菜都可以吃上好幾餐，而她就只能忍氣吞聲，比照辦理。

什麼反覆加熱不新鮮，什麼亞硝酸鹽對人體的可能影響，廚房沒有她能置喙的餘地，包含連教養兒女都是。

曾經，她也是不被接納的媳婦……

在華人社會裡，時常可以見到長輩挑剔晚輩喜歡的對象，甚至介入晚輩的婚姻，例如，還在交往期間，就可能多方探詢對方的條件，而更常見到的是，提到自己的兒女如同珍寶，但說到對方的兒女，就如同稻草。

總覺得自家的優秀非凡，別家的只適合往旁邊站。想娶我家女兒，想嫁我家兒子，分明就是高攀。

舉凡學經歷、收入及開什麼車都能挑剔，連身高、體重、腰臀比，都可以列入考核項目之一，彷彿自己的兒女是國際巨星，沒人匹配得起。

我們時常以為，當多年媳婦熬成婆，就會一改過去為人媳婦時，缺乏尊重及平等對待的關係模式，但，我更常看見的卻是，才剛交往，就看兒子的女朋友不順眼，明示、暗示這一個，媽媽我不中意；而如果已經結婚，婆婆看著媳婦總覺得不夠溫柔體貼、照顧不夠周全，甚至想若換我來，肯定裡外照料都完美。

我也不時聽到，有些看似相對開明的婆婆會說，**「我把媳婦當成女兒。」**這乍聽是件好事，然而我觀察了許多抱持此心態的婆媳案例，所謂當成女兒看待及對待，**正是矛盾及弔詭之一**。

因為，從精神分析的角度，母女關係本身就有著微妙的動力，甚至有著複雜難解的議題，截然不同於母子關係。

我們不妨來看另一種婆媳關係的案例。

「多子多孫多福氣，媽相信你可以。兩個不孤單，四個更熱鬧。」

婆婆堆起微笑，總是笑意盈盈，語氣也很溫柔，怎麼看都是完美無比。

但是身為媳婦的她，心裡卻有些不自在。

怎麼說呢？婆婆不時打電話跟她聊天，聊些什麼呢？就是她心中的期盼：希望早日抱孫，希望媳婦快點生小孩；或者她心中的不安：擔心待字閨中的小姑、擔心家裡開銷及支出、擔心哪位親友最近身體不適，或者需要調頭寸。

然而這些話，婆婆卻不太會對兒子講。

婆婆總說兒子平時工作忙，這些小事不用讓他知道。反正男生粗枝大葉的，聽了，幫不上忙，也可能讓兒子心煩。

「矯枉過正」的友善，內心深處其實有著陰影在呼喚

有些婆婆非常多禮，甚至相當客氣，連碗筷都不讓你洗，是因為她也曾是受苦的媳婦嗎？

她看起來開明，沒有壓迫，無懈可擊。然而人心卻是複雜的機制，有些「矯枉過正」的友善，有些「極力打造」的親暱，內心深處其實有著陰影在呼喚。

我們內在深層的慾望，時常有著衝突相隨作伴，詭譎神祕，所以難以辨析與覺知。因為它迂迴曲折，變形過好幾次。

努力營造親密，想要當個與時俱進的好婆婆，卻使得內心真正的期盼不好明講，然而那股矛盾的衝突及驅力，可能化為另一種方式，**用更間接，並且隱微的方式，帶給媳婦為難及無形的壓力**。

那股無形壓力不至於笑裡藏刀，而是**笑裡隱隱夾帶了，「我都這麼友善了，你若是太過自我主張，那麼就是太不應該。」**

讓為人媳婦的你，無論表態、不表態，自己都像個壞人一般，相當為難。

往往介於中間，身兼丈夫及兒子兩種身分的關鍵人，這時還像局外人，完全不知道他的婚姻裡有著這些洶湧暗潮。

父母都曾經是受傷的孩子，婆婆也曾經是受委屈的媳婦

這一代婆婆們的辛苦，在於她們也正在覺醒。她們正在傳統及現代，他人和自我當中持續拉扯，所以動輒得咎，彷彿怎麼做都錯。

許多婆婆，都是傳統父權社會下的命運承襲者，甚至是她的先生，也就是公公意見

的代言及執行者，然而就因為「婆媳關係」先入為主的魔咒，變成女人與女人之間的戰爭。

其實，這是整體女人與父權社會的對抗，但是我們都錯把盟友當成對手，繼續內戰，狼煙四起，哀歌不斷。

臨床心理師的處方箋

4 超越傳統及定型的婆媳關係

一聽到婆媳關係，你的第一直覺及想像，是不是感受到壓力？是的，這些都是深植於潛意識、先入為主且過時的預設立場，如同魔咒一般，並在不知不覺中活成了真實。

如果今天你和婆婆是在其他的情境裡相識，你們很有可能是忘年之交，甚至是相談甚歡的知己，但卻因為婆媳關係四個字「先」置入腦海裡，所以你開始讓自己如坐針氈，放大了你與婆婆相處及互動時的細節，無論是婆婆的眼神，婆婆的表情，婆婆的一句話，甚至是婆婆說出口的一個字。

所以，**適時拉回中性，也留意別過度，甚至扭曲解釋**。

還有，覺知自己內心的期待。當期待過高或者不切實際，緊張及焦慮也會一起來。

5 你們是「合作關係」，也是彼此的嘉賓

關鍵是身兼丈夫，同時也是兒子角色的男子。

沒有他的存在，婆媳關係就無法建構出來，所以，婆媳關係是會變動的，會隨著夫妻關係的變化，而連結，或者解散。

過去的思維如同陳年窠臼，而**身處關鍵位置的中間人**，該清楚自己的角色及作用，**有意識，並且及早在原生家庭及婚後家庭做好區隔，界定好責任及範疇**，讓大家能夠偕同合作，而不是放手讓愛他的兩個女人如同宮鬥。

你們因為他，才有了連結，所以他是鑰匙，也是邀請函，也因此，你們是被邀請進入彼此生命裡的嘉賓，無須委屈，也別再委屈。

別讓婆媳問題延續下去，創造三贏的關係，需要三個人的智慧。

別再婆婆與媳婦纏鬥個沒完，男人總是狀況外。二十一世紀的我們，應該一起換個新腦袋。

既討好又委屈的姑嫂關係

討好與迎合，你究竟在恐懼什麼？
歸屬感是最基本的安全需求。

看著她堆滿一整個床上，剛從捷克旅行帶回來的溫泉相關伴手禮，有潤膚乳液、面膜、去角質霜……還有各項周邊商品。

我內心嘖嘖稱奇，卻又百思不解。

因為前陣子才聽她說過與小姑八字不合，雖然不至於上演針鋒相對、笑裡藏刀這種宛如八點檔的灑狗血劇情，但大致就像是走在鋼索上的姑嫂關係，討好與委屈，糾纏又交織。

「不送可以嗎？等一下傳了出去，說我不會做人！更何況如果小姑跟外人聊起，哪個嫂嫂大方、得體又貼心。這場妯娌之戰，我總不能現在就認輸！」

她的語氣一半認真，一半哀怨，但是較勁的心態，彷彿是古羅馬競技場裡的格鬥士。

我聽了真是好笑又好氣。家家有本難念的經，每種關係都有各自的難題，別人家常見的是婆媳議題，她的反倒是姑嫂和妯娌。

你是否也常常發現，**有些人在委屈、不滿，覺得憤恨因而抱怨連連的同時，反而更加付出、更加迎合，甚至是主動討好、主動完成對方沒有提出的要求**，力求完美演出，力求人見人愛？

前一秒，覺得對方態度不客氣，因而忿忿不平；下一秒，卻看到他或她想方設法，想博得對方認同及歡心。

渾然不覺，也看不見在兩個極端中，擺盪及拉扯的自己？

歸屬感不只是社交需求，更是安全需求

馬斯洛著名的需求理論（Maslow's hierarchy of needs），從最底層依序到最上層，分別是生理需求（physiological needs）、安全需求（safety needs）、社交需求（love and belonging needs）、自尊需求（esteem needs），以及，自我實現需求（need for self-actualization）。

安全感，不只是外頭颳起狂風，落下暴雨，打雷閃電，能有一處擋風避雨，暫時歇息，這種具體可見的遮蔽；更多時候，是內心狀態的反映。

缺乏安全感的原因很多。心理狀態則是你覺得外在世界具有威脅與危險，充滿未知與考驗，內心惶惶不安，緊張焦慮，擔心自己的行為舉止可能動輒得咎，對人難以信任，對環境無法放鬆，時時都上緊發條。

時時覺得被人用放大鏡檢驗著，即使外在風平浪靜，但還是隨時備戰，如坐針氈。

人生有一種莫大的痛苦，先是委屈了自己，接著扭曲自己

為了安全感、為了能有歸屬感、為了不被孤立，我們都做了哪些事，藉此獲得內心尋尋覓覓的安定？然而，這卻是仰賴外界來給予。

被稱讚、被認同、被接受、被認為有價值，以上全部都是被動式。**你的價值及位置取決於外在的評價和心情**，而這些都來自他人的主觀評定，所以你的努力與收穫不會是一比一等值，更無法論及公平。

所以，當我們為了歸屬感，持續追求著外在的稱讚、肯定及認同，就會陷入了沒有盡頭的牢籠。

即使早有了委屈的感受，但還是無視於最真實的內在狀態，壓抑了最深沉的提醒與呼喚：你的負荷早已不堪。

超過能力的付出，還有掏空心理餘裕。你沒有意識到自己的行為是在討好，沒有認知到這些討好都是多餘，並不需要。

你只是扭曲自己，讓自己身陷抱怨的囚牢。

我們也能更進一步剖析及深思，歸屬感的品質又是如何。

從被接受、被認可、被肯定、被讚揚，甚至被歌頌，越是往下走，評價就越高。這裡的意思是，被接受、被認可，等於能安穩地待在這個團體裡了，有六十分的水平；被肯定、被讚揚，等於在團體裡的分數至少有八十，受到喜愛與歡迎；至於被歌頌，則是進入被敬仰及追隨的等級。

所以我們可以在人際互動裡，看見各式各樣的關係品質。當彼此在關係裡，表現出友善、重視、珍惜、愛護、尊敬……的對待方式，品質就會屬於高分的那一端。

品質低分的那一端，則是為了有個地方能去，不被孤立，無論關係已然多糟，例如屢被糟蹋、感到痛苦及受到委屈，也要緊抓不放，只求留在關係或者團體裡。

臨床心理師的處方箋

6 撥開面紗，看見恐懼和不安的真實面容

恐懼與不安緊緊相伴，一體兩面。

不屈就、不順從、不討好、不迎合，就會讓我們失去了立足的依據，減損了自我的價值嗎？這才是我們應該持續捫心自問，真正核心的議題。

我們不妨把場景拉回國小時光，那是最早形成小團體的社會情境。三兩同學各自成群，不同小團體有著不同的喜好和興趣，這是正面的部分。反面的部分，則是出現了霸凌的情形及問題。

被霸凌的孩子，可能會以物質作為迎合的媒介、討好的工具，希望能在此「安身立命」，緩解飽受欺凌的痛苦及困境。

然而可想而知，這樣的方式只是在餵養及壯大霸凌者的胃口，對方更會予取予求；反觀自己內心的恐懼與不安，其實不曾除去，仍舊是持續騷動並且隱隱作痛。

7 練就「剛好就好」的人生智慧

我們都長大了，不只是生理與外型，內心的成熟也必須同時跟上。你的及格是幾分？你的剛好是多好？**追求外在的認同，永遠沒有盡頭，因為那是無底洞。**獲得了許多，就會還要更多，需要更多。

出國旅行回來，你會買遍各大小伴手禮，分送給各處室嗎？或者逢年過節，無論大小節慶都要送禮送到剛剛好，就怕有所疏漏，讓人感到失望嗎？

我們都處在禮尚往來的習俗與社會文化，然而「禮尚往來」的核心與根本，其實是平等與互惠。

自我認同，是終極目標；外在認同，則是剛好就好，無須高標。**平等，就是關係對等；互惠，就是你待我好，我待你好。**

我們都需要看清楚，討好不是以和為貴，迎合也只是透支自己。它是在累積下一波的洶湧怨氣，還有掀起驚濤駭浪的風險。

我們都該先看見，內心早就存在著不滿及怨懟。

討好與迎合，是內心恐懼化成了外在行為的顯現，它在提醒你，想要被認同、希望被接受；不想被孤立、渴望歸屬感的心理需求。

人人都需要歸屬感，人人都渴望能夠自在翱翔，卻又不失安全感，還有依靠。

練就「剛好就好」的人生智慧，**等待著他人認同，那是被動；能夠自我認同，必須主**

動。

我們都需要主動打造自我認同，**把認同的主導權，拿回自己的手中**。

付出有節制，心理才有餘裕。回到人際關係裡，才不會戰戰兢兢，也才能擁有中性的眼光，進而看見別人的善意。

人生最大的痛苦，是先委屈了自己，接著扭曲自己

女兒在臉書上罵媽媽？

善待自己，照顧好自己。
你無須再用「別人」來完整你自己。

「老實說，有好幾次我都想放棄了。她在臉書上面罵我，她跟親戚說的那些我對她的不是，其實都是子虛烏有；她說我強迫她拿掉小孩，其實逼她的人是她男朋友……」諮商室裡，年近五十的她說著離家出走、高中輟學的女兒，原本鎮定的面容逐漸崩塌，接著潸然淚下，哽咽到無法自已。

她是一位單親媽媽，從家暴的婚姻中離開，接著努力工作，從小吃業開始做起，獨力撫養著女兒。

她細數著過去在婚姻裡的日子，曾經是幸福、和樂的三人小家庭，與多數人最初的期

待一般。但前夫中年失業，染上酗酒，萎靡不振，開始對著她及孩子怒吼、摔遙控器，還有砸東西。

女兒從小就很貼心，對她來說就是相依為命、互相打氣的最好支持，然而，卻在進入青春期之後，女兒交了男朋友，母女間開始有了隔閡和距離。

她說的話，女兒不想聽；女兒說的話，她覺得就是不懂事。

莎士比亞的經典名著《李爾王》曾說，孩子不知感恩，比蛇的利牙還要傷人。

孩子的心裡有哪些傷，有多少傷，來自於哪裡？是親子關係裡最直接的錯誤對待？還是父母失和、感情惡劣帶來的影響？抑或更廣泛的生命經驗？

孩子的感受及詮釋是什麼？生養他們的人，最愛他們的人，甚至也是生活在一起的人，並不一定就有能力了解孩子的感受，以及能夠化解孩子們面對的困難，甚至有可能，父母親手製造了孩子所經驗到的最大困難，是無形的枷鎖，並且一生相伴。

父母等著孩子的感恩，為了你，我多麼犧牲；而孩子也等著父母遲來的道歉

親子之間彷彿無解的亙古難題。「我最愛的人，傷害我最深」是親子關係裡，最無語問蒼天的旁白與喟嘆。

家庭裡的問題盤根錯節，每個人都有自己的委屈。源頭到底來自哪裡，多數說不清，然而一旦認定，並且深信不疑，就成為了難解的心結，從此生了根，關係變得僵固和扭曲。

親子關係：我們的痛苦有著聯集，我們的理解沒有交集

父母等著孩子，孩子等著父母親。你等我，我等你，沒有人願意跨出第一步，因為大家都有脆弱的自尊，還有無意識的防衛作祟。

所以持續頑強地抵抗著，彷彿競賽一般。只是這個比賽的標準，比的是「慢」，而不是快。

把主動示好當成了示弱，把理解對方當成了低頭，然而僵持原地，持續踏步的結果，就是「來不及」。

在經濟及社會結構快速變化，離婚率越來越高的現在，婚姻關係裡的背叛、家人之間的精神虐待及肢體暴力頻傳，孩子經驗到的氛圍；耳濡目染的價值觀，成為了破壞性的種子。

離家逃避的父親，控制慾高漲的母親；蠻橫無理的父親，忍氣吞聲的母親。**在婚姻關係裡的無能為力，轉變成了親子關係裡的最高權力**。所以我們很常見到在親子關係裡，以

愛為名的控制，一切都是為你好的壓迫，還有不切實際，甚至過時的期許。

然而，你會發現，**這些控制、壓迫和期許，其實也回過頭來困住了父母自己。**

他們做著事倍功半的付出，走錯了路，用錯了方式。

最重要的是，他們失去了孩子的心。

這不是他們的初衷，卻是必然而感傷的結局。

至於孩子呢？

有些人從手足無措、雙腳顫抖，長成了背負十字架的大人，終其一生都困在陰影裡，任何考量及選擇都無意識地受到箝制。

有些人則是從滿腔憤怒、壓抑忍耐，等到有了行為能力，就轉身遁逃到天涯海角，成為漂泊的浪子。

回家？目前的他不曾考慮，也不想考慮。當然，這些也是防備及抗拒，不是灑脫，更不是帥氣。

8 時間就是最偉大的魔術師，記得用來「完整」你自己

在這一段漫長的時間裡，我們不是沉睡的白雪公主，更不是要坐以待斃，束手就擒，而是要先回過頭來照顧自己，檢視及修復自己未曾癒合的傷口和痕跡。

理解對方，要有餘裕；找回交集，要有能力。

人際關係裡的痛苦，多半來自於我只看到自己的痛苦，或者，我覺得自己的苦遠遠多過於對方的苦，這都是「我執」，所以從現在開始，試著不再執著於自己，或者少點執著在自己。

善待自己，才可能同理別人；因為我們無法給予對方，自己都沒有的東西。

當你變得「完整」了，才能具有彈性，不會執著於單一方向、單一結果以及對方必須有所回應，尤其是我所想要的回應，也就是，你不再用「別人」來完整你自己。

當你善待自己，照顧好自己，你給出的愛，才會輕盈卻踏實。

9 有「情」就是一切關係的地基

血緣關係定義了親子，可是真正讓人想要回去的家，想要靠近的地方，卻是因為情之所在，心之所繫。這才是我們真正的羈絆和聯繫，不是血緣，更不是法定關係。

有些人在成長過程中的友情裡，在離家以後的環境裡，反而體驗到遠遠超越親情的溫暖及價值。

為什麼呢？因為被深度同理，被真正關心，被照亮內心深處幽暗的角落，被照料到埋藏多年、難言的委屈。

那麼親情呢？所有聯集的痛苦裡，其實都有著我們心中的盼望和期待，因為愛的反面不是恨，而是漠不關心，毫不在意，你的一切與我無關。

所以，你心中有情，要用正確的方式灌溉它，要用足夠的時間照料及等候它，它才有機會及可能，長成你我都賞心悅目的樣子。

在諮商結束的那天，分不清楚她臉上是笑中帶淚，還是淚中帶笑，但是她能比較堅定以及肯定，與我分享她現在對於女兒的想法和心情。

她說：「雖然不知道這一天什麼時候會到來，但是這扇門永遠為她開著，這盞燈永遠為她亮著。只要女兒有天願意回首，就會看見媽媽還在這裡，等著和她團聚。」

為什麼許多長輩竭盡所能，隱諱地討好兒孫輩？

人際剝削只是「結果」。最根本的原因，還是不完整的自我。

人際剝削只是「結果」，最根本的原因，還是自尊、自信、自我價值、自我效能……任何屬於你自己的心理狀態，以及長年累積的生命議題，直到現在仍未處理，所以化為人際剝削的結果來現形。透過被剝削，或者剝削別人的方式來呈現。

「真是夠了！有沒有這麼搞笑啊？我媽一大早擾人清夢，打了好幾通電話過來，竟然是要叫我買蛋糕去台中給我嫂嫂，祝我那不到兩歲的姪女生日快樂。我住高雄，我媽住桃園，她還比較近耶！」

我看著身為同行的她，氣到腮幫子鼓鼓的，真是捨不得她，心中也感慨萬千。

台灣社會重男輕女果然根深蒂固，遺毒甚深；至於恐懼與討好的故事，還真多種變形的版本。橫批就是：「革命尚未成功，同志仍須努力。」

你也曾經聽聞，或者見識過，長輩特地跟孫輩祝壽這種好像哪裡有點怪，但又說不上來哪裡怪的劇情嗎？而且還轉了好幾轉，非常不直接，相當曲折。

怎麼說呢？細節是這樣的。因為是透過「女兒」來執行。身為婆婆這等長輩，直接打電話給媳婦有失顏面，但是這通電話不打呢？婆婆自己的內心又會徬徨不安。回想先前曾提過希望媳婦生第二胎，言下之意，當然就是希望第二胎是帶把的。

這下子適逢孫女生日，卻沒有表示，豈不是正擺明著自己司馬昭之心——重男輕女，路人皆知！不僅食古不化，還可能會讓媳婦覺得自己漠不關心，接著就會落人話柄及口實，造成日後猜忌，會被媳婦當成重男輕女的婆婆，日後被孫女當成偏心的祖母。

內心忙碌的小劇場，其實是自我破碎不完整，所以盲目衝鋒陷陣的戰場

人際剝削彷彿相生相剋，卻又相互依賴，差別則是在於誰是主動，誰是被動；誰是強，誰是弱，以及剝削與依賴程度高低的分野。

這往往不會是單一事件，而是「持續抱怨，無限循環」，重複上演著換湯不換藥的劇本。

自我價值感低落的人，總是希望獲得別人的肯定。讓別人給你打分數，由別人賦予你價值，甚至由別人定義你的生命意義。最常見的，就是父母把所有資源、一生的心力和期許都加諸在孩子身上，希望孩子完成自己未完成的夢想，成為更好的父母「自己」。

而現今社會還有另外一種變形，就是長輩開始竭盡所能討好兒孫輩，不見得是溺愛這種相對鮮明的方式，而是內心明明憋屈，卻又想要多做點什麼事，希冀獲得喜愛與肯定。即使明眼人看了覺得很多餘，甚至造成接受者無形的負擔和壓力。

那些「我都是為了你」，其實都有著一個「價值感低落」的自己

長期觀察這些自我價值感低落的人，心中期盼的肯定往往都是等不到的。

而且即使獲得肯定，這個肯定的本質也很扭曲。

用個簡單的例子說明，屠殺猶太人而獲得納粹統治者的肯定，那麼這個被肯定的本質，只是殘忍、懦弱及無知。面對異己的殘忍，面對權威的懦弱，還有自身的無知。

另外常見的，則是希望獲得別人「同意」。

同意你去做什麼事，同意你花多少錢，同意你能不能買東西，同意你出門去，同意你

在幾點以前應該回到家。哪怕只是一趟旅行，甚至只是與家人、朋友短時間的相聚。

自我價值感低落，有很多可能的成因，從最初的原生家庭關係及成長經驗，到自我的相關層面……都是影響的因子。

例如，深信自己沒有能力，而沒有能力就是沒有價值。但是我們必須知道，能力包羅萬象，世界上本來就沒有全能之人。

此外，認為自己有沒有能力，與你實際上有沒有能力，並非正相關，因為有人會高估，就有人會低估。

更何況，人人都有著自己並不了解，也尚未開發的潛能。

被恐懼驅策及左右，不敢承認與看見的

極盡所能討好或者委曲求全的人，通常沒有意識到自己是被內心的恐懼驅策及左右。他們往往都解讀為，那是因為自己在乎別人的感受。

如同前述的婆婆，她覺得自己此舉，是想表達對媳婦的關心及體恤，對孫女的疼惜與愛意。可是，如果是純粹的愛意，她不會這麼彆扭，而且還是透過第三者，要求女兒來代為執行。

如果懂得在乎別人的感受，如果足夠體貼，那麼應該也會體貼到女兒的感受，莫名其妙被拖下水；如果足夠敏銳，那麼應該會看見自己的內心是如此惶惶不安，竟然要透過討好來安撫自己的焦慮，竟然要如此憋屈，才能夠確定自我價值。

與其說是在乎別人的心情，其實是怕對方不高興。更真切的是，怕對方不高興，心中埋藏不快與嫌隙，接著就會對自己不利。

至於是何種不利？可能是在心底被記上一筆、臭臉、冷漠、擺譜、指責、支配、控制，或者是拍桌子，甚至動手打人。

若是職場，則可能是影響到評價、升遷不利，乃至於工作不保……更明顯而且現實的利害關係。

若在家庭裡，則是擔心沒有立足之地。

如果離開職場已久，長年沒有獨立謀生及經濟能力的人，往往都害怕回到職場裡，因他們深信自己缺乏競爭能力，無法適應職場氣氛及工作環境。在恐懼的全面籠罩下，更會選擇忍氣吞聲，去侍奉並持續忍受其實並不心悅誠服的對象及價值。

所以我們更該思考並且看見，不是每個人都這麼體貼，更不是每個人都這麼敏銳。多數時候，人人都是以自己的狀態為優先。

因為我們都是先感受到我們自己的感受，才會有後續一連串與別人有關的思考與決策。

而自我價值感低落的人，往往都有著如影隨形的恐懼感受，驅使著他去迎合及滿足別人，**甚至是努力滿足「自己想像」出來的，別人其實沒有的需求，並付出多餘的體貼。**

臨床心理師的處方箋

10 自我價值感的源頭

你必須看見自己與接納自己。即使自己不夠好，也很好。

在童年及成長經驗裡，照顧我們的人，陪伴我們的人，乃至於我們自己，都是如何評價著自己呢？從人際互動、對話及思考時所有的用字遣詞，就能推敲出一個人的自我價值感，究竟是依賴他人評價系統，還是能夠拿回記分板，由自己來判斷。

我們都活在二十一世紀，受著所處環境及社會文化的影響及約束，因此談到自我價值感能完全不受外在環境的左右，也只是說來動聽，並不容易。

但我們必須在可能的限度裡，盡可能地拿回多一點主控權。例如，可以從別人八十，我二十，朝向別人三十，我七十來努力。

而且，與其追逐著滿分及完美，我們更該體認到，不是不完美才是完美，而是**不完美，才是一種「完整」的美**。

完整的自我，是你能夠接納自己的每一面，不去打好與壞的分數、不去貼優與劣的標籤。

11 能力與狀態同時並進，你才能夠站得穩定

只有信心喊話是不夠的，我們必須務實。

全能並不是我們的追求，因為這樣的追求缺乏彈性與自由。而是你的能力有基本盤，怎麼說呢？

如同工作讓人疲於奔命，但是工作也給了你收入，維持基本生活的能力。這也好比，不需要美得像仙女，但至少打理好自己，乾淨又清爽，那麼你看著自己，也能賞心悅目。

當你的實際能力及狀態獲得改善及提升，就會是鐵錚錚的良好例證，**它能回過頭來挹注到你的自我價值感裡**。

「我女兒肯定是來討債的……」

孩子是敲開你心中成長祕密的隕石。
帶給孩子的最好禮物，就是你自己的成長。

那些惡狠狠，張牙舞爪的情緒裡，有著受過傷的你，然而你已成為父母，你需要更多勇氣，才能探究深埋的成長心事；你需要更多心力，才能去梳理過去那些盤根錯節，刻劃在你生命裡的僵化親子模式。

「我氣到想要直接掌嘴下去！我女兒那一副刁鑽、伶牙俐齒，你能奈我何的嘴臉，我看了就是一肚子氣！她肯定是來討債的！」

坐在諮商室裡，我盯著她說話時兇狠的模樣，聽著她吐露出來的語句。

我想，她恐怕從來沒有從鏡子裡去照見，自己此刻的模樣，是多麼地深惡痛絕，彷彿有著深仇大恨一般！

而在這個強烈的情緒裡，不只是她所談論的孩子，還有著上一代留下來的陰影，在裡面搖曳生姿，催化及加溫她的所有負向情緒。

當然，她並沒有意識到，**她的成長經驗，原生家庭裡的互動模式，以及她心底的傷，一直如影隨形**。

討債、還債、報恩及報怨

我時常聽到有人使用上面四種動詞，來形容親子之間的緣分，以及關係。

但凡遇到困難教養的孩子，大概就屬於討債、還債及報怨。例如，孩子這輩子是來跟我討債的，而我今生當她或他的父母，就是來還債的。再不然，孩子就是來報復仇怨。

簡言之，除了報恩之外，其他都是悲情宿命。

遇到問題及困難，我們習慣去尋求解釋與答案，這是人類天性。因為解釋與答案讓我們能夠擁有暫時的心安，不那麼徬徨，不那麼慌亂，不那麼焦躁不安。

但是**這些「答案」，也在形塑你的認知，引導你的行為，強化你在關係裡的態度及互動模式**。

當我們對親子關係有了僵化的思維，固著的答案，接著多半就會產生一種狀況——不太會改變，不太想改變，也不太能改變已經運作不良的親子互動方式，然後持續惡性循環。

惡性循環的源頭

當我進一步回溯她的成長過程及生命經驗，我看見了她也曾經是掙扎的女兒。只是她選擇了順從，聽命了家人的安排。

聰慧的她，沒有繼續上學，很早就去工作賺錢，讓家裡的資源都集中在她的弟弟們身上。儘管她的大弟以及小弟看來也不算是讀書的料，對於學習，也不那麼上心。但是那又如何呢？

重男輕女的社會氛圍及家庭價值觀，她只能把心中的不滿、委屈及吶喊，曾經被犧牲的情緒，那些長年蓄積的能量，一再一再地保留下來。

直到今天，冒了出來。

時時回頭檢視，你的成長過程有沒有過相似劇情，是刺激，也是共鳴，對於你的情緒

大的就要讓小的、男生不能動不動就掉淚、女生不要這麼強勢、小孩不要有太多自己的意見……這些耳熟能詳的話，現在仍是一代傳一代，代代相傳。

這些刻板印象及行為樣板，彷彿是一種集體詛咒及社會暗示。即使成為了父母，也會不自覺地重演。

我們時常錯誤地以為，受過傷的人就知道要避開，就會了解不能重複相同的循環，其實，這並不然。

往往是變換了形式，去討回心理的公道；也常常用錯誤的方式，去圓滿內心的遺憾。

在上述這個案例裡，有主見的女兒，活出了她最想要的樣子。她其實是欣慰，但又妒忌。因為這裡面映照出她滿滿的失落，而那是關於她自己的，成長過程中的祕密。

◇◇◇◇◇◇◇◇◇◇◇◇ 臨床心理師的處方箋

12 檢視成長過程的傷，把它一片一片指認出來

「看不見，但你依舊存在」，就是形塑著現在的我們的所有過去。

我們都是帶著父母的愛長大，而愛裡面有時也伴隨著傷害，來自於不夠了解、沒有能

力了解，以及錯待。

每個父母都曾是受傷的孩子，我們是，我們的父母也是。可是我們往往沒有機會追本溯源，也沒有時間及心力去修復，就成為了父母，就有了下一代。

帶著成長過程中的傷，鮮血仍舊汩汩流淌，其實尚未結痂。

怎麼檢視？**會誘發你強烈情緒反應，會讓你特別抓狂，會讓你特別有感覺的話語、態度及行為，多半與你的自身經驗有著密不可分的關係。**

無論是你很歡迎的，還是你很抗拒的；無論是你喜歡的，還是你討厭到不行的。

13讓孩子照亮你自己，讓他陪伴你再「長大」一次

身為心理治療工作者，同行時常開玩笑說，個案就如同照妖鏡，照見我們自己內在的課題。

對於父母們來說，孩子何嘗不是？孩子會照亮你內心的幽暗黑洞，但也會激發你內在的潛能，以及帶著你再次學習愛與被愛，這趟豐富的生命之旅。

當我們因為不習慣，當我們因為不舒適，因而排斥及抗拒時，我們推開的，其實是自己以及孩子共同的成長機會。

為什麼是「共同」成長機會呢？因為**你的成長**，就是最好的示範！你的脆弱，你的堅強，你如何面對成長的祕密，你如何修復過往的傷害，你如何跨越自卑，你如何認識及定義自我價值，你如何提升自我價值感，**都是在給孩子做示範**。

更重要的是，讓孩子們親眼看見，只要你願意，即使到了現在，都為時未晚，而這也是成長型思維（growth mindset）的另一種展現。

孩子就是敲開你成長過程中，那些心中祕密的隕石。

那些在親子關係裡的摩擦、衝突與爭執，那些你看了格外不順眼，那些你看了立刻跳腳、惱火，並且一肚子氣的刺激，都是富有深意的撞擊。

你曾經好委屈、好受傷，你曾經好無助、好徬徨，讓我們一起看見它，並且修復它。

帶給孩子的最好禮物，就是你自己的成長。

過去的經驗和遭遇雖然不可逆，但是過去的意義，可以透過你的「現在」來重新定義。陪伴孩子成長的過程，陪伴孩子成長的現在，都是你重新定義過去的機會；因為你可以決定，成為怎麼樣的父母，給予怎樣的對待及關愛。

讓我們終結親子關係的惡性循環，讓我們的親情不再有剝削，沒有夾藏著過去留下的傷害，此時所給出的愛，就會是「真正的愛」。

很多時候，你不爭取，你不明講，別人真的不了解，

父母也是。

父母不會因為生養我們，就會是最了解我們的人。

「他媽媽嫌棄我屁股大，說我只有碩士畢業……」

一個無法自我肯定的人，會依附別人的存在與價值，甚至想要控制別人的人生。

我們時常討論「自我肯定」，我們也都同意自我肯定的重要性。儘管我們總是期待他人能看見我們的辛苦，對於我們的付出、努力、表現、成果與價值，能給予肯定，得到外界的掌聲與獎勵。

「我真的有這麼糟糕嗎？在他媽媽眼中，我彷彿一文不值。嫌棄我屁股大，說我只有碩士畢業，說我永遠都配不上她兒子！」

她哭得一把鼻涕，一把眼淚。

原本以為只是一場溫馨的家族聚會，她這個「女朋友」來見一見未來的家人，讓彼此認識多一些。一心期待著男友的媽媽，也就是未來的婆婆會喜歡她，沒想到卻是一場鴻門宴，她被徹徹底底洗臉。

「到了這個時代，還有這樣的門戶之見？碩士也看不上眼？我想他應該去跟日本皇室聯姻，看有沒有這福分！」

我用了誇張的比喻來回應，希望她能破涕為笑。

雖然我知道，這個時候的她，心情無論如何都不會太好。

「他媽媽根本就是寶媽，把自己的兒子當成了無價之寶，別人家的女兒就像瑕疵品。你來評評理，幫我分析分析，他媽媽的心理是不是有問題？」

說著說著，她的情緒低落與自我懷疑，化作了一股悲憤之氣，也越講越生氣。

我們時常看到在關係裡，有人總是端出高人一等的姿態，毫不遮掩，誇張一點，還會直接恃強凌弱。

我們時常以為目中無人的人，瞧不起別人的人，壓榨別人的人，嘴裡說著妳配不起我兒子，你配不上我女兒……的那些人，看起來自信滿溢，驕傲無比。但其實那是驕，並非傲。

因為「傲」是不屈服、有骨氣，還有自信，自信，是指能夠相信自己，帶著盡量客觀的眼睛，態度從容並且謙遜。不是透過踩著別人，來彰顯自己的高度；不是透過輕視別人，來突顯自己的見識。

真實的自信，除了要有深刻的自知之明，也來自於「自我肯定」

老子說：「知人者智，自知者明」。自知之明，知道自己的長處及短處。長處讓你站得更穩，短處讓你持續學習，進而修補。所以當有人批評你時，你知道哪些部分是子虛烏有，哪些部分是被過度檢視或扭曲；哪些是指教與提醒，只是他用了犀利及尖銳的方式，讓我們不好受，但卻是一針見血，指出我們的盲點及問題。

有了自知之明，接著則是要能夠自我肯定。怎麼說呢？

有些人即便知道自己的長處，擁有哪些優勢，但仍舊有著不確定及自我懷疑。這就好比，一個人住在仁愛路豪宅，卻記掛著自家的坪數比鄰居少了一半，總覺得不夠富有，還不夠安全及踏實，汲汲營營著還要賺更多，持續焦慮及憂鬱。

自我肯定是指你先看見了自己努力及成長的軌跡，並且把合宜的目標作為參照；能夠肯定自我表現，還有賦予價值。

過程中的一點一滴，累積成你內在的能力，那是別人奪不走，也是你真實所擁有。

別人的誤解，別人的批評，也許會動搖你，但那只是暫時，也許會勾起不快的情緒，也許會讓你懷疑自己。但是持續積累底氣，你的貨很真，你的價很實，終究會讓明眼人看見你，信任你；你對於自己，也會更加確信與肯定。

無法自我肯定的人，總是希冀著別人

無法自我肯定的人，總會抓著一個標的，例如嫁入豪門，魚躍龍門；例如生了兒子，母憑子貴；例如孩子成績優異，父母才有面子。

但是你會發現，這些都來自於「別人」。

無法自我肯定，所以依附別人的存在與價值。他們必須緊緊抓著，牢牢握著，**甚至進而想要控制別人的人生**。因為這樣才能安心，因為這樣方能踏實。

所以一旦有人會是威脅，可能壓到她的警鈴，踩到他的警戒線，他們就會升起防衛。

他們難以鬆綁自己，也難以放過別人，甚至在關係裡剝削別人。

這樣的人，往往都缺乏自覺；他們都不知道自己內在空洞而匱乏的那一面，他們也不知道這一面對於關係的破壞及撕裂，如此之深。

在傳統家庭裡，親子關係總是很緊繃，因為孩子被父母冀望著去完成自己過去未能完成的心願。

希望孩子揚眉吐氣，希望孩子功成名就，希望女兒嫁得人人稱羨，希望兒子娶得門當戶對。

父母本身若是無法自我肯定，就會把孩子的價值，作為自己的價值。把上一代的問題，繼續延伸到下一代。

因為**我們多半會從「其他」關係，補償過去在關係裡，無法擁有的正向情感，或者矯正想擺脫的負向情緒。**改寫自己曾經無能為力的經驗，用很間接的方式撫平受傷的情緒。

因為在過去的關係裡，自己是恐懼、受制於人的角色，直到現在仍無法施力及阻止；所以轉向下一代，相對安全的關係。

自信可以從許多角度來切入探討，建立過程是循序漸進，但是可以有非常多種途徑，而自我肯定，就是其中之一。

能夠自我肯定的人，也會擁有真實的自信，能夠從容不迫，能夠尊重別人的獨特，也能看見別人的價值。

他不會輕易就升起防衛，因為感到威脅；他不會輕易就豎起高牆，因為敵人環伺；他也不會將過去未完成的遺憾、不被肯定的失落，轉嫁到另一個人身上。

臨床心理師的處方箋

14 看見「矯枉過正」的作用力

在心理工作中，時常需要回溯個案的成長經驗，納入整個家庭系統，也就是家族成員來共同思考。

時常，剝削別人的人，也曾經是被剝削的人。父子關係、母女關係、婆媳關係、夫妻關係……都相當常見。

有一部分，則是矯枉過正。我們不時看到有些受過苦的人，會盡心盡力去避免，不要成為複製悲劇的人，結果還是無意識地走上了相同的道路，演出了換湯不換藥的版本。

有時，不得不驚嘆生命的安排，關係的巧妙。

像是後來在親密關係中，伴侶看見了自己矯枉過正的部分，例如，妻子看見丈夫盼望著老父親的認同，因此影響了與年幼孩子的互動，所以指出了丈夫長年未解的心結。

但在此之前，丈夫往往都是否認，甚至引發夫妻之間的衝突與紛爭。

如果我們都能夠覺察，看見並且調整關係中的作用力，就不會把生命中的菩薩變成了惡鬼。

15 自我肯定，需要持續積累的底氣

自我肯定不是無中生有。不是躺在床上，坐在沙發上，心中默念「要肯定自己，要有自信」，重複幾句就能達成。

心理層面，要有合理的期待、參照及標準；行為層面，則是要實際執行、付出努力。缺一不可，相輔相成。

持續積累底氣，就是你的內在資本與實力，也是作為支持自我，內在穩固的基石。

它是消耗品，因為不被肯定，被人懷疑，被人輕視，都可以消耗及動搖我們對於自己的認識及相信。

自我肯定，才不會如同水上浮萍；自我肯定，才不會進退失據；自我肯定，才能放過別人，並且鬆綁自己，然而這一切，都需要我們持續積累底氣，作為自我的完整支持。

輯二

婚姻裡的人際剝削：

沒有原則，
你的善良一文不值

「我怎麼好說出口？我老公三年不工作，在家當米蟲……」

沒有原則，你的善良一文不值。
終結人際剝削，你該搞懂心理界限。

「現在家庭支出開銷、經濟重擔，全部都在我一個人身上啊！」

她彷彿忍耐，也壓抑了許久，眼淚瞬間潰堤。

「怎麼了呢？」

我的語氣有些擔心，但也準備好了傾聽。

「一開始，他說自己是懷才不遇，待在這間公司有志難伸，燕雀哪知鴻鵠之志，跟同事們也相處不來。跟我商量以後，我體諒他辛苦，也支持他的決定，希望他能過得開心，他就提出辭呈。他後來倒也認真找過工作，時間大約半年，也面試過了幾回，但無論如何，就是沒有一家公司他滿意。

「待在家裡久了，可能也舒服慣了，不用早起趕上班，沒有工作帶來的責任、挑戰、壓力及困難，更不用加班及出差。但接著，更是誇張，他開始鎮日打電動，每天睡到中午才起床。」

「原本我們是跟公婆同住，連他爸媽後來也看不慣，把他趕出來，要他好好振作一番，誰知道他還是不買單。為了節省開銷，尤其房租是一大筆支出，所以就搬到我娘家，也就是現在我們住的地方。」

她一臉倦容，並且眼眶泛紅，語氣盡是心酸、委屈又無奈，以及不敢對人言的羞憤，因為這不僅是家務事，更是不願外揚的家醜。

「我不敢講。我怎麼敢講？我怎麼好意思讓別人知道，我老公三年不工作，在家當米蟲，茶來伸手，飯來張口，還對我頤指氣使，甚至批評及指責。」

是啊，明明家裡開銷都靠她，最後還靠回她娘家。

「甚至到了現在，他還怪罪我，為什麼當初沒有阻止他辭職，害他現在想要重回職場，是雪上加霜，難上加難。」

義正詞嚴，理直氣壯，話倒是都給他一個人說完了。

如此尋常的故事，你是否曾經聽朋友們提起過？又或者在外面等候搭車，用餐吃飯，甚至剪髮洗頭時，聽到隔壁的人抱怨及哭訴呢？

到底是從哪一個時間點或環節開始改變的呢？先生的得寸進尺，以及無理不饒人。

我看到的是，出發點良善的太太，一開始的好意體貼、支持諒解，到了持續包容，無條件地等候，底限一而再，再而三地下修。

一步退，步步退；一步讓，步步讓。

經濟重擔及生活磨難讓現在的她，如在火中燒，內心皆是苦惱與煎熬。

以上的案例，在諮商室裡不曾少過，讓我想起了順從與心理界限的議題。

在社會心理學裡，有一個知名而且能廣為運用的概念，叫做「腳在門檻內策略」（foot in the door technique）。是弗里德曼（Freedman）和佛瑞賽（Fraser）在一九六六年所提出，也有人稱之為「插足入門術」或「得寸進尺效應」。

它的大意是，一開始只提出一個小要求，等到對方答應，再提出一個有關聯，但是難度或門檻更高的要求，那麼，後續這一個「更困難的要求」被對方接受的機會就會提升，亦即讓對方更可能順從後續提出的（變態）要求。

為何你無法拒絕越來越過分的要求？

為什麼會這樣呢？一般而言，人都會拒絕難以達成，或是違反本身意願的要求。

然而，如果一開始不好意思說不，順從了這個「看似」小小的要求。一旦同意及接受這項要求之後，就會讓自己與這項要求之間產生一致性的關聯，例如相關的態度、自我概念以及知覺。

如果後來拒絕了更大而且相關的要求，就會出現認知失調，感到自我形象在過去與現在不一致的問題。

例如，我以前是個熱心助人的好好先生，現在怎麼會去拒絕別人的哀求呢？**心中那一股想要恢復一致性的潛在動力，就會使得一個人埋頭繼續做（撐）下去**，以至於答應、配合、付出或退讓更多。

關係裡，大部分人不會感恩你自動來的善良

而在感情關係裡的互動模式，是不是也常見這樣的狀況呢？

無論是家務分配、經濟支出、資產配置、生兒育女與否，以及人數、教養方式及態度、彼此原生家庭的照顧與分工合作……都是溝通、說服及協調的過程。

如果兩個人能夠樣樣意見都一致，自然是天下太平，再好不過。但人生不是童話，現實與真相是進入長期關係後，考驗及挑戰是一關一關接踵而來。

以家務分配為例，一開始說好你拖地，我晾衣服；你洗碗，我倒垃圾。然而，當其中一方閒散（發懶）了，接手的人一開始覺得基於愛與體貼，為了心中的好先生／好太太形象以及自我認知，就先全包了。

怎料，久而久之，人家說戲棚下站久了就是你的，結果連家務也是做久了都是我的。另一半感恩的心呢？咦！沒有。眷戀的眼神呢？更是完全找不到。只有自己滿腔的積怨，還有堆疊得老高，那有待清洗的油膩碗盤。

又或者是原本沒打算生小孩，無論是哪一方，屈於社會壓力或親情包袱而生了小孩，等到第一胎出生，以為對得起列祖列宗及雙方高堂之後，才發現是一條不歸路。開始不斷被頻頻追問、催逼，何時要生第二胎。如果第一胎是女生，要不要再拚個男孩。反之亦然。

總之，要湊個好字。

而你以為湊了個好字就西線無戰事了嗎？不，還可以進階為「好幾個」好字！反正頭都洗下去了，好媳婦、好老公的形象已經建立，如果拒絕了，似乎有違最初的良好及孝順形象，更會讓長輩們感嘆及失望，所以就又繼續接單生產了。

最可怕的得寸進尺，是對「自我」的退讓

很多時候，我們總認為是別人太過囂張、跋扈，太過盛勢凌人，以至於讓我們挨了無數根悶棍，吃了許多悶虧，一切都是別人得寸進尺及軟土深掘。

但是，**如果向自己的內心深處仔細爬梳，其實是我們對於「自我」的讓步，讓對方見縫插針、有機可趁，甚至進入一個難以扭轉及改變，長期屈於劣勢的局**。

而這背後的心理狀態及原因，可能是害怕被對方討厭，失去對方的認同、肯定、欣賞及疼愛，所以不去正視及深思自己真正想要的生活是什麼，還有自己不想要的人生又是什麼。

臨床心理師的處方箋

學著換位思考。

16另一個人的要求

同一件事情，同一個要求，如果換成另外一個人來要求你、拜託你、脅迫你或是勒索你時，你會是一樣的反應及標準嗎？

是一樣比照辦理？還是能夠冷靜釐清，退幾步思考，會覺得「我如果答應，豈不就是個傻子！」還是「這是個好提議，無妨！」呢？

簡言之，**你會受到關係角色的影響及束縛**。為了想成為或維持一個形象，在關係裡獲得對方（可能是親人或朋友）的喜愛及認同，所以改變了自己的心理界限，去迎合、配合、奉承及退讓。

然而在面對關係相對疏遠的任何一個人時，反而能夠保持冷靜及理性，充分並徹底思考自己真正的意願及現實條件。

17 如果是你的朋友

簡言之，如果你純粹是個旁觀者，在面對同一個問題或要求，例如朋友求助於你時，你會給朋友什麼樣的建議呢？也就是你比起當事者，將更能客觀地分析及綜觀整個局勢。

以上是換位思考的不同角度，提供給大家參考。

人類終究是群體動物，我們無法擺脫社會以及所有的人際關係超然獨立地生存（及生活），所以怎麼在漫漫人生長河裡，在人與人的互動中，能拿捏、建立及把持住相對合宜及舒適的心理界限，有賴我們持續思考及不間斷地練習。

為什麼總是媽媽接到學校老師的電話？爸爸呢？

「刻板印象」決定了你的責任，框架了你的反應，影響了你的關係。鬆綁就由此刻開始。

她接到學校老師電話，急急忙忙跟公司告假。抓了錢包、手機、鑰匙，火速攔截一部計程車，趕到學校輔導室。

是的，兒子又闖禍了。

不過，其實也不是了不起的大事，就是跟同學起了衝突，兒子堅決不認錯、不道歉。雙方持續僵持不下，導師只好聯絡家長到校處理。

她的心中有著無限感慨和心酸。

為什麼總是「她」接到電話呢？孩子的爸，是的，另外一位家庭關係合夥人正在家中吹著冷氣，玩著線上遊戲。

她的先生、孩子的父親失業在家已經兩年餘，多的是一大把的時間，然而卻沒有人會在第一時間想去聯絡「父親」，最快被想到，然後必須親上火線的，往往都是含辛茹苦、懷胎九月的「母親」。哪怕她身心俱疲。

她這根蠟燭為了工作，為了家庭，持續兩頭燒。

何止沒有自己，即使即將燃燒殆盡，但卻沒人放過她，而**她，也無法放過自己。因為她是一名「母親」**。

我們的社會對於關係角色及隨之而來的認知、責任與期待，有著相當僵化的思維及刻板印象。

例如，母親就應該如何，孩子就應該怎樣，女人就應當如何，男人就必須怎樣。

所以，母親就應該為了孩子，無私奉獻一切；孩子就應該聽話，當個乖寶寶；女人就應當溫柔順從，不然會沒人要；男人就應該剛強，流淚會被人笑。

有人際關係，就會有相對應的角色及稱謂，而我們往往受限於關係裡的角色及稱謂，被教育、被期待、被暗示、被安排、被指使，必須做出哪些反應，應當有哪些行為及表現才是對，才是政治正確。

而且都是自動化反應，**不管是我們要求別人，還是我們要求自己**。

所以，現代「母親」的命運就會是分身乏術，身心俱疲，並且捉襟見肘。

即使現在已是標準的雙薪家庭時代，但孩子一有狀況，無論是學校老師、公公婆婆，甚至是娘家親戚，第一個被問候及追討責任，甚至是興師問罪的，往往都還是母親，也就是女性。

即使孩子是兩人共同所出，但鮮少人會主動並且立即意識到男性的角色，也就是父親。除非是對於性別意識有特別關注的人，不然多數人還是被長年的性別刻板印象牽著鼻子走，那是內化到骨血裡的價值觀，接著帶出所有的行為反應。

哪怕到了二十一世紀，早已過時，攤開來看，也是不公平、不合理，加劇了女性肩頭上的負擔，也讓**男性繼續待在並且困在男主外，女主內的位置——跟孩子不親近，跟孩子很疏離，他只是賺錢回家的工具，名副其實的提款機**。

而這些狀況長期下來，**日積月累，也重重影響了夫妻之間的親密關係**。

以色列的社會學家奧爾娜・多娜絲（Orna Donath），同時也是《後悔當媽媽》的作者，她在書中提到，必須讓女性從「母親的功能性」掙脫，必須讓她們被視為獨立的個體看待。不要再因為別人的生命，模糊了自己的人生焦點到失去自我的程度。

讓她們痛苦的並不是孩子，而是這個身分，以及隨之而來，被加諸的各種道德枷鎖及無限上綱的責任。

父親與母親對孩子來說，都很重要，只是站在不同的位置

我一直很欣賞英國精神分析學家唐諾・溫尼考特（Donald W. Winnicott）所提到的一個概念，即「保護與支持的環境」（holding environment），它可以用來解釋母親，也可以用來解釋父親。父親與母親：我們都很重要，只是站在不同的位置。

所以我想，一位「父親」，所能提供及扮演的最好角色，就是能夠在外圍保護及支持妻子與孩子。當妻子與孩子過分黏膩時，他有能力，也有意願將兩個人分開來，各自獨立。

這個保護與支持是心理上的，而非傳統上的認知：最常見的經濟支柱而已。

此外，刻板印象也讓許多父母各自所擅長的能力無法發揮，讓許多父母的限制更加侷限。

擅長的，不能做，因為會被取笑；不擅長的，你必須繼續做，因為古往今來都是如此。

爸爸就該是「那個」樣子，媽媽就該是「這個」樣子，所以很努力要稱職，但是完全不稱心，以至於到了最後，也難以稱職。

即使擁有自覺，想要抗爭與改變，也往往事倍功半，徒勞而返。因為外界排山倒海而來的指責及批評，如同滾滾洪水襲來。

在我們的社會裡，不是好母親，比起不是好妻子，更加失職，更是一件大事。輕則招致閒言閒語，但已經夠不好受了；重則被謾罵與攻訐，只要孩子出了一丁點事，就是「你」沒有教好。

哪怕是你太嚴格，還是你太放縱，甚至你太疏忽。

怎麼做，都有人嫌，怎麼做，都不對，**應該說，都不「夠」對**。

現代母職角色的矛盾困境，有誰看見，有誰憐

在過去大家庭的時代，出入都有親戚及鄰居互相照看，孩子無須隨侍在後，更沒有從二〇〇二年開始施行，現代父母絕對必需的「育嬰留職停薪假」相應制度的產生。

因為社會結構及環境變遷極快，女性在短短二十多年間受到高等教育，在學校即有優秀傑出的表現，出了社會，進了職場，更是能夠發光發熱。

但是**進入婚姻及家庭之後的角色認知、責任及期待，無論是一位妻子，還是一位母親，都沒有相對應的改變、調整及鬆綁**。

甚至，連想要請個「育嬰假」被刁難，也是時有所聞，差別只是明著來，還是暗著來。這更彰顯了作為一位母親的負擔及無力感。

明明是「性別工作平等法」所規定的工作權益，卻彷彿掛名般存在。看起來好看，卻難用得很，甚至不能用。除非你有包袱款款，心理準備就是再也不回來。

◇◇◇◇◇◇◇◇◇◇◇◇◇◇◇◇◇◇ 臨床心理師的處方箋

一起解放現代母親的困境，從現在開始，由你、我做起。

18 媽媽互助團體

我見到現在越來越多的職場婦女會組成讀書會。

大約在兩周到一個月之內，她們訂出一個時間，選定一本書籍，學習及互相交流有關育兒、教養相關的最新知識，以及分享心得。

它不只是知識上的學習，**更重要的是，是這個具體成形的團體能夠發揮出，超越孤軍**

奮戰的效益與價值。

一個人閱讀很容易紙上談兵，但是一群人討論，有更多實際案例可以作為參考與借鏡，並且互相加油與打氣。

我們不只要顏如玉，更需要有溫度的情緒支持、回饋與鼓勵。

19 釋出親職功能

你不是全能，更無須萬能。

我們都希望給予孩子最好的，無論是精神，還是物質，所以有時候看到丈夫照顧孩子時的粗手粗腳，或者粗枝大葉，往往會心生焦慮，看不下去，立刻攔過來，深怕孩子受了點傷，身上多了一處瘀青。

身為女性，我們必須看見我們的限制。**我們身邊的人雖然有待訓練，但他是一塊璞玉，只要多點練習，就會是你的神隊友、好伴侶。**

更重要的是，這也是留給孩子能與父親親近，深化彼此關係的最佳時機。

鬆綁，就由此刻開始。

讓我們重新定義母職，讓每一位母親都能保有自己，在家庭裡游刃有餘。

面對老公外遇，她憤怒、羞辱，卻不離開？

鍛鍊「社交自我效能」，讓自己有能力結束痛苦的關係。

從情竇初開到進入校園，從妾髮初覆額到進入職場的成年人，無論到了幾歲，愛情都是每個人一生關注的焦點。

對於多數人來說，幸福總是無法恆久遠，所以許多人為情所困，更有許多人為了愛，夜不成眠。

在痛苦的關係裡，一天過了一天，低潮難熬的滋味，如同苦海無際無邊。

然而有些人卻能較早壯士斷腕，選擇「主動」離開；而有些人則會一忍再忍，即使每天都不愉快，即使每天相敬如冰，或者一個不小心就會擦槍走火，陷入攻防戰。長期鬱鬱寡歡，即使瀕臨憂鬱症發作的邊緣，仍舊無法離開一段食之無味，甚至有害心理健康的關係。

在常見的姊妹淘下午茶或者心理諮商室裡，永遠聽得到感情議題的抱怨及苦惱。

「太過分了！你相信嗎？我老公為了證明他跟第三者斷了姦情，竟然帶著我到他們同居的地方，檢查小三的內衣褲是不是都已經搬光，還跟我說天下男人都一個樣，他只不過是在外頭痛快八個月。這不就回來了嗎？」

個案一邊回顧夫妻之間的對話，氣得牙齒直打顫。

不過，個案並不打算離開這段關係。

儘管羞辱、委屈、憤怒，以及不滿如同排山倒海，侵蝕著她的情緒，啃噬著她的自尊。

「雖然離婚的原因很難堪，但是我想，就是緣分用完了吧。」

去年底離婚的朋友，當時哭得梨花帶淚、瘦得只剩皮包骨的她，如今卻是神清氣爽，與當初判若兩人。

她的主訴問題與上述個案一樣，也都是伴侶出軌。

然而朋友在事發三個月內，歷經百轉千迴的情緒及所有壓力，卻也全盤思考過，決定提出離婚，並為此做準備，如今的外顯情緒與個案截然不同。

縱使偶有感傷，但更多的卻是自在與釋然，也開展出新生活及邁向不同的人生階段。

對於多數人來說，往往是「恐懼」遮蔽最真實的直覺，「逃避」取代面對問題的行為

在關係裡所投注的時間、心神、情感、體力或金錢，都是人生的成本。一段感情關係破局，無論導火線為何，只要做不到盡釋前嫌，接下來的日子，兩個人都不好受。

對於懸而未決的問題，繼續睜一隻眼，閉一隻眼，勉強維持著脆弱的平衡。如果在這段關係裡，還有更重要的價值，足以說服自己留下，並且為此共同努力，那也不啻是一個好選擇。

但是對於多數人來說，往往是恐懼遮蔽最真實的直覺，逃避取代了面對問題的行為，也因此心底的疙瘩永遠存在，陰影也永遠相伴。持續讓自己悶悶不樂，糊里糊塗、相看兩相厭地過了一生。

朋友和個案的婚姻狀況內容相似，但兩人的選擇及走向不同。

同樣是伴侶出軌，有些人持續抱怨，但維持現狀。有些人則是主動離開這段關係。

這讓我進一步思考，可能影響的心理因素有哪些。

心理學家阿爾伯特・班杜拉（Albert Bandura）認為「自我效能」可以影響一個人努力的各個層面，無論是學習、工作、感情、婚姻及人際關係，也就是一個人認為自己的力量可以影響結果的信念，將會決定當你面對嚴峻挑戰時，潛在實力的最大發揮及可能做出的選擇。

而史密斯（Smith）和貝茲（Betz）則進一步提出了「社交自我效能」，指一個人對於社交能力的自信心，也就是自己有沒有能力去開啟、建立及維繫人際關係。

「社交自我效能」高的人，面對未來的人際關係，比較敢放手嘗試

在愛情及婚姻關係裡，當我們無可避免，必須面對結束或離開一段關係，接下來就是恢復單身，回到一個人的感情狀態。

接著尾隨而來的問題則是，我還會進入一段關係嗎？我還要進入一段感情嗎？如果答案是會，意願是想要，那麼**中間這段空窗期的時間長短，就取決於運氣及能力**。

運氣的部分抽象而神祕，能力的部分則是相對具體、能夠定義及學習。

我有沒有能力找到合適的伴侶？我有沒有能力吸引到自己欣賞的男子或女子？而**這些能力都帶出一個重要的心理變項：良好的社交自信**。

當我們相信我們可以，我們才敢放手嘗試；當我們相信我們可以，才不會緊抱著過去，深怕什麼都沒有，這是最可惜。

所以找到下一個伴侶，不是濫竽充數，而是彼此契合；不是貌合神離，而是心有靈犀，就扣著展開一段人際關係的歷程，以及我們對於這個歷程成敗的心理評估。

所以，社交自我效能高的人，面對未來的人際關係，比較不畏懼，不是只能被動接受目前的關係，忍受目前的困境，而是能夠抱持比較正向、積極的信念，去思考目前的問題，以及檢視現有資源，盤點自我能力。

下一個對象會遇到金城武，還是八兩金？

回到前述案例。個案在大學畢業後就進入婚姻，她的職場經驗近乎於零，她的生活環境以及人際關係網絡，就是家庭、採購家用品兩點一線的範圍。

接觸的對象除了丈夫，就是以前的同學，但也因為離開校園已久，關係並不密切。此外，就是購物認識的銷售人員，或者街坊鄰里及親戚。

生活圈及人際關係單純，社交自我效能相對起來可能較低。

然而朋友自畢業以來，工作從未間斷，專業領域及項目也持續擴張，每天接觸到形形色色的人。

進一步回顧成長過程，發現她有不少克服難關的正向經驗。無論是升學考試、求職面試、持續進修、跨界學習，甚至連瘦身成功的經驗，都曾有之。

過去的正向成功經驗，會進一步提升自我效能，相信自己能跨越難關，進而付諸行動。也就是「自我效能」高的人，在面對嚴苛挑戰及未知的考驗時，相信自己能發揮潛在實力，做出的選擇能帶出更多的選擇，未來更加美好，而不是陷入死胡同。

用個有趣的比喻，相信結束目前的關係會更好，下一個會遇到金城武，而不是八兩金。那麼，要在感情裡面停損，離開無法再忍耐，無能再努力的關係，或許也就沒這麼困難。

臨床心理師的處方箋

提升自我效能的練習。

20 累積成功經驗：從小事開始

自己親身的成功經驗，永遠是最直接並強力的例證。

如果你曾經完成全馬，那麼半馬對你而言，絕對不會感到困難，你也能對完成賽事具有信心。

就從小地方、小任務開始，透過持續練習，累積成功的正向經驗，而當自身的能力一點一滴的進步，這也會回過頭來提升自我效能感，變成正向循環。

21 慎選人際環境：替代性經驗及他人評價

周遭他人的替代性經驗，也會影響自我效能感的高低。

當你看到隔壁同事每天下班都能慢跑五公里，沒道理工作量一樣的我會做不到，對於自己要開始運動計畫，也會相對有信心。

然而要小心的是，如果同事慢跑只持續兩周，恐怕也會減低自我效能感，因為看到他失敗，彷彿自己也會失敗。

此外，旁人的鼓勵及回饋，也會影響自我效能感。所以請主動接近溫暖友善，能夠激勵他人的前輩、朋友或同事。

至於，**總是愛說風涼話，見不得他人好的族群，就請「有意識」地保持距離。**

阿德勒說過，所有煩惱都是來自於人際關係的煩惱，而所有的喜悅，也都是來自於人際關係。無論是戀愛，還是婚姻，關係品質的優劣，都會左右了你的情緒是好，是壞。

關係可以修復，關係也值得努力，但我們必須認知，良好的關係必須是共同努力，而不是一個人努力到盡頭，只有習得無助、無能為力，另一個人卻始終置身事外，置之不理。讓我們一起鍛鍊社交自我效能，為關係及人生勇敢而努力。

「我老婆現在的大腿，是當年的腰圍……」老公總在親友面前，取笑老婆

如何終結人際剝削？
惰性和習性，是我們一生對抗的兩件事。

「來，這五花肉，我特地用了和三盆糖取代冰糖，讓它入味，香氣應該會更細緻點。」

在年夜飯的桌上，婆婆貼心地夾了一大塊放到她碗裡。

「媽，不用，不用，你沒看看她現在的模樣。回想以前跟她約會，食量如小鳥，現在胃口如大象，更何況她現在的大腿，是當年的腰圍。」

他自以為幽默地開了老婆玩笑。

乍聽這些比喻，確實也是好笑。

她故作鎮定，不便當場發作，拆了老公的台。實則臉色隱約透露出一陣青、一陣白。

畢竟老公當著公公婆婆、大伯、小叔及妯娌們的面前，用她產後三年遲遲沒有恢復當年苗條的身材，作為話題及笑點。

「不是跟你說過很多次，不要在別人面前，用我的身材說笑嗎？生過兩個孩子，有誰還能是瘦子？」

回到了房內，她總算可以一吐怨言。

「這又沒什麼，大家都是自己人啊！這也不是什麼壞習慣，有需要這樣小題大作嗎？」

他一邊伸懶腰，一邊打哈欠，漫不經心地回應著老婆的苦水。

每當逢年過節，我們總有許多聚會，面對的可能是直系血親的家人，或是所有姻親。而無論在初次見面或久違後的寒暄裡，都會有刻意製造的熱絡及歡笑氛圍，但**你有沒有仔細觀察到，為了這些場面，都犧牲了哪些人？**

在人際關係裡，我們都不會「主動」調整日復一日的稱謂，改變已成常態的表現人習慣用著最省力的方式過活。在認知心理學裡，提出人類思考方式的其中一種特性：捷思（heuristic），意思是對於某件事、某個問題或者情境，當我們還沒有清楚明確的了解時，就會根據自身的經驗，使用直觀的推論方式。

人際剝削

簡言之，就是節省認知資源的使用，來進行判斷及推論。

然而，我們應該了解，自身的經驗有其侷限，最糟糕的狀況是瞎子摸象，得出一個嚴重偏離事實的結論；其次則是以管窺天，見識不深。

思考是一種自動化歷程，如果連思考都能省，那麼其他呢？省時又省力，就是惰性的根源。因為**人性當中都帶著好逸惡勞的層面**。能夠躺著，就絕對不坐；能夠坐著，就絕對不站，更別說要即刻起身，大步向前。

所以在人際關係裡，我們都不會主動調整日復一日的稱謂，改變已成常態的表現。哪怕這些稱謂聽來很傷人，例如歐羅肥、矮肥短；哪怕這些表現，讓彼此心中的不滿和積怨越來越深，例如當著眾人的面看似開玩笑，實則貶損人。

惰性與習性不同，卻息息相關。因為惰性久了，就成了習性。習性久了，就越來越疏懶

因為惰性，所以懶得主動調整及改變；久而久之就成了習性，變成語助詞以及口頭禪。每一天都要來上這麼一段。

「我家那個死鬼」、「我老婆產後再也回不到從前的身材」、「他就是沒路用」、「女人家就是沒見識」……這些都讓人耳熟能詳，不只出現在八點檔，更是出現在多數人的家，聽多了，還真是感傷。

在人際關係裡，隨處都可見到剝削人，或者被剝削的行為。

語言、表情、態度、肢體表現，乃至於以上加乘所形成的整體社會或團體氛圍，都可以由內而外，由外而內的影響一個人的心理健康及相對應的行為表現。

哪怕只是一個挑眉或白眼，或者作勢掄起拳頭，看似要打人，都會讓對方接受到被質疑、不信任及挑釁的感覺，還有或隱約或明顯的威脅。

接下來可能是嘗試壓抑、刻意忽略，或者勉強隱忍，久而久之，變成了自信低落，覺得自己內外不如人，甚至演變成了身心症，焦慮、憂鬱、哭泣或失眠。

想要改變，往往都等到了火燒屁股、迫在眉睫，然而，到了那時都已為時已晚，回天乏術。

臨床心理師的處方箋

22監控你的人際直覺，習性就是魔鬼

我們都有一套自己最習慣的社交直覺，主動與被動，付出與接收，熱絡與淡漠，自主與迎合。

好的人際互動習慣，我們繼續維持；不好，甚至有害的習慣，應該時時檢視及調整。

在諮商室時常聽到，學生抱怨被同學當成透明人，同儕關係總是很疏遠；男生抱怨被女生當成工具人，異性關係總是很慘烈；老婆抱怨被老公當成十項全能，婚姻關係所有大小事，總是她全包，他彷彿還在當少爺。

23 面對你的人際模式，惰性就是缺點

模式就是習慣，習慣就會循環。**惡性循環不易更改，因為必須跟惰性交戰**。所以你會發現，一切都會回到了起點。

有人對你輕蔑了，如果你選擇了暫時不予理會。那麼，下次有機會，他就會二度輕蔑，不斷循環。

就像我們都有固定起床的時間，有些人願意起床早一點，讓自己從容不迫，氣定神閒；但也有人總是趕在最後一刻，慌張忙亂，甚至出錯。

趕在最後一刻才匆忙起床盥洗、換裝的人，也知道稍微調整作息，就能減輕自己可能趕不上車因而遲到的心理負擔，但是惰性就是如此難改。

那麼，人際模式也是一樣。

理智上，人人都知道尊重有禮、友善客氣是人際關係和諧的根本，然而執行上，你永

遠都會發現說話不客氣、舉止不得體、態度還很超過的，真是不少人。

因為**惰性難改，因為惰性與習性互為因果，成了習慣**。

24 觀察你的人際表現：語氣、內容及肢體語言

在人際關係裡，負向的語氣及內容不難辨識，例如取笑、輕蔑、貶抑、威脅、羞辱……不過更加隱微，並且不易自我監控的，其實是肢體語言。

在諮商室裡，所有帶著人際關係議題前來的個案，除了主訴的困擾內容外，都可以觀察到他們外顯，但不自覺的肢體語言，都透露出了一部分的困擾根源。

例如自信不足、太過退縮，因而迴避視線接觸，並且唯唯諾諾；或者是渴望獲得關注及博取好感，卻又顯得作態，甚至有逾越界線的行為表現。

人類終其一生都在對抗惰性和習性。

如果沒有刻意練習，時時警惕，就很容易錯過最容易調整，改變相對較不費力的黃金關鍵期，也就是人際關係惡化徵兆剛開始出現的前期。

願我們的人際關係有著尊重和平等，劣化的關係能從此終結，讓我們從容自信、無悔無憾地過好這一生。

「他是我老公啊，這些不都是應該的嗎?!」

過度依賴，是一種無底洞的深探。弱勢不一定弱勢，它有時是一種變形的武器。

依賴不是信任，更多時候，這種行徑，更接近於無賴。

「你身上沒現金？但有老公的信用卡附卡一張，吃穿用度全靠老公。這樣子，好嗎？」

我們就相約在信義區B開頭的百貨喝下午茶。

朋友相約，地點不只是喜好，有時候，更是身家背景及出入生活圈的象徵。這間對於我們連經過次數都屈指可數的百貨，卻是她日常逛街、散步，還有採買生鮮蔬果和高級肉品回家烹調、料理的地方。

「他是我老公，這應該的。我照顧我們女兒到現在上小學，平日放學後，還要送她去學西班牙語、英語、繪畫課，還有雙簧管。我也很辛苦啊！」

她一邊摸著前日剛做好的光療指甲。六隻手指頭有彩繪，另外四隻還有鑲上數量不等的水鑽，好整以暇地說著。

「話雖如此，但你不定時抱怨他做人無趣，生活沒有情趣，豈不是有失公允？他整天都在外打拚事業，才能讓你無須上班，同時能供得起小孩高昂學費、全家吃穿用度，以及一個月十萬的房貸。」

後者真是令我們吃驚！台北市區隨便一間小套房，就足以令我等小小上班族默默哀泣，實在難以想像十萬房貸，到底會是怎麼樣的好風景，以及怎樣的經濟壓力。

依賴，不一定屈居弱勢，有時候，那更像是一種武器。

我把人生交給了你，它是你的責任和義務；品質好，是當然；品質差，是你不應該，不是我活該。

外人看來是缺乏現實感，但是他或她的心理詮釋，卻是自己的付出好偉大，如果伴侶不如己意，則是好委屈，而面對外人時，更是萬般不甘心，並且振振有詞。

每個人都能朗朗上口「同理心」，可是多少人能夠做到真正同理，將心比心？

我們難以清楚地去觀照自己，到底自己在關係裡說的話、做的事，背後有哪些潛意識作祟，進而現形。

我們理解的是我們的理解，我們總是以為別人的思考邏輯、情緒及行為反應與我們如出一轍，所以我給的關心，你應該會滿意，也必須滿意，然而我的感受，尤其是委屈及不甘心，對方竟然會無法理解，漠不關心；真是冷血，更是無情。

同理心的機制，它涉及了生理層次的腦島結構，更涉及了「自我認知」

同理心不只是三個字，它涉及了神經基礎的反應，更是與「自我認知」有相當緊密的關係。

換言之，如果我們對於自我的認識其實不夠了解，那麼同理心恐怕也很弱。我們表現出來的，給予對方的，可能都不是同理心。也難怪時常可見，經常耳聞，接受的那一方覺得我們的關心多半不到位，更多時候是多餘，是負擔，心中則是默默祈禱著「麥擱來」。

此時，請你仔細回顧自己的生命經驗，無論是發生在你自己身上，或者是你周遭的所有人，無論是最親近、朝夕相處的家人，還是從小一起成長的同學，出社會後接觸到的同事、下屬及上司們，你應該會有一個很有趣的發現，那就是人際關係裡確實存在著許許多多的糾結，以及痛苦。

多數人都不是壞人，甚至沒有絕對的壞人，可能自我認知都是好人，那麼，這麼多以及這麼高比例的誤區，到底都是從哪裡來？可能都是來自於：對自我不夠了解，乃至於對別人以及關係的錯誤理解。

所以**我們容易一而再，再而三無意識地演著自己的劇本，沉溺在自己的心情，看不見整個局勢，更看不見自己的親密關係及人生格局**。

依賴並不是錯，但是我們必須看見，並且承認自己的依賴。

在哪些地方依賴，從中獲得了哪些好處，或者因為依賴，少去了哪些經濟上的奮鬥，緩和了哪些現實帶來的辛苦，甚至因此獲得了些輕鬆。

這樣在關係裡，才會出現感恩。看見對方辛苦，以及關懷對方的可能，而不是吸血鬼，欲求總是永遠不滿，甚至因為過度依賴，成為了無底洞的深探。

在我的心理工作中，屢屢看見兒女成年離家或者成家，身為父母的夫妻，進入了所謂的空巢期，即使已邁向中、老年，但伴侶的其中一位卻堅決著要離婚的案例。

而決意離婚的那一位，有不少比例竟然是長年被依賴，長年沒聲音，更沒有或者極少聽見他抱怨的那一位。

臨床心理師的處方箋

25 請你試想，如果我們的身分及角色被取代

依賴就不再能依賴，因為拿掉了這個身分及角色，沒有人會買單，或者不一定會有人買單。

恰到好處的依賴，會有點可愛；也會讓對方覺得自己有能力照顧你，讓你快樂以及自在。

但是過度依賴，就會是表面和善，甚至自覺委屈，但其實是惡鬼討債。

26 追求精神獨立

我們都需要學習「精神獨立」，有些時候依賴，更多時候是獨立。

經濟獨立是上一代女人最常見的盼望及心事，因為受制於社會環境、父權體制，以及傳統陋習，因為重男輕女，還有教育不普及，甚至有些人是童養媳。

但現在全數解除了嗎？其實仍有待努力，殘留的遺毒及影響仍是存在，不能掉以輕心。而「精神獨立」更是我們這一代人的終身課題。因為**經濟獨立不一定能精神獨立，也不代表精神獨立**。

獨立的人，時常讓人覺得很迷人，甚至進而仰慕。為什麼呢？因為他或她**能夠主動給予別人，而不是等著被給予，等著被人滿足與填補**。

獨立的人，給出來的關懷與善意，不是變形之後的手段；它沒有夾雜或包裹著其他意圖，剝開來看，其實是一種交換。

人際關係會是終生相伴，我們不可能逃開，也無須逃開。

學習獨立，不要過度依賴，讓我們在關係裡游刃有餘。

希望在關係裡能夠自在呼吸的人，不只是你自己，還有最親密的另一半。

「明明都二〇一九年了，我卻逃不了婆媳壓力、妯娌競爭……」

「曾經我覺得是妥協，如今看來都是在犧牲……」

我們必須清楚自己的界限與底線。

別人沒有要求的，你不用主動給；

別人要求的，你也要思考及判斷，需不需要給，想不想要給，適不適合給；還有，你可以給多少，給了之後，要不要討回？

關於付出，不僅要量力而為，還要量心而為。

你還要有心理準備，因為最糟糕的狀況就是肉包子打狗，一去不回。

在愛情關係裡，是兩個人在「妥協」與「犧牲」之間持續拉鋸

心理諮商多年下來，在婚姻案例中，最常聽到以下的對話。

「我凡事都幫他處理好，做到全。我嫁進這個大家庭，別說公公、婆婆，還有大伯、小叔、大姑及小姑，大伯及小叔也都結了婚，有兒有女，也都住一起，你看這一家有多熱鬧。」

她開宗明義就說了自己對先生付出了多少，還介紹了故事發生的背景，是有別於時下最多的核心家庭，而是三代同堂、手足們同住的大家庭。

「他卻從來不曾幫我說話，不管是婆婆催生，還是大嫂強出頭，什麼都搶著做，這些行為根本就是在討好公婆。明明都二〇一九年了，我卻彷彿二十年前的女人，無法逃脫婆媳壓力、妯娌競爭。我不知道該說我好後悔，不該結婚？還是所遇非人？或是我的抗壓性有待提升？」

今天不是工作，而是難得半年一度的姊妹淘聚會，但才剛新婚不到一年的她，說起婚後生活，一肚子苦水。

出生在台北，從小到大都在台北求學、工作的她，婚後到了台中，不至於水土不服，但是婚後大家庭的生活卻讓她喘不過氣，幾度萌生離婚的念頭。

當然她也曾想過，若是有了小孩，婚姻關係會不會好轉。但是身邊朋友都勸她緩一緩，

生養兒女事態重大，可別病急亂投醫，自亂陣腳，更加添亂。

有人說，在愛情關係裡，是兩個人在「妥協」與「犧牲」之間持續拉鋸，中間有條隱形的線。

只是這一線之隔，卻是天壤之別，天差地遠。

感情好的時候，叫做妥協；感情差的時候，叫做犧牲

有預期中的回報時，那是妥協；沒有預期中的回報，還被狠狠打臉，越來越後退，那是犧牲。

可是我們必須知道，感受都是主觀的；評論及臆斷也都是事後諸葛、後見之明的理解及詮釋。

我們沒有自以為的聰明，但我們可以秉持懷疑精神。**對於自己相信的，選擇的，判斷的，要保有彈性以及空間，能修正及調整。**

而不是一旦愛上了，一旦進入婚姻或長期關係了，就全面相信，全部交付，等到結果和預期不符時，覺得痛苦不堪，美好的未來破碎，只能感嘆命運不公，並且怨天尤人。

我們終其一生都在認識自己

當你回頭看十年前的自己，我們多半會覺得當年的自己莽撞、青澀及稚嫩。當時的決策如今看來很天真、考量不夠全面及完整，有長足的進步及修正空間。

同樣的，如果有時光機，如果十年後的自己能夠來看現在的你，應該也會告訴你一樣的話：要抱持彈性，有修正及成長空間，所以可別過度自負，形同天真。

在關係裡面，那些付出及奉獻，是人性溫暖及光明的一面，都是很棒的作為。

可是我們也得要先掂掂斤兩，哪些要求對我們而言，超過能力範圍；哪些期待對我們而言，根本就是事與願違：**哪些競爭對我們而言，其實是渴望被認同，反而變成了對他人的忌妒及憤恨**。

當我們還不認識自己，不夠認識自己，甚至是抗拒認識自己時，這些折騰及困境都會讓我們在關係以及漫漫人生裡，反覆繞著痛苦的圈。

總是去不了期待的彼岸，只能無語問蒼天，自哀、自怨又自憐。

臨床心理師的處方箋

27渴望與期待的反面，你更該了解

從小到大，我們多半接觸到的，都是在告訴我們，要認識自己想要什麼，也就是，你的目標、你的計畫清單、你的人生藍圖……所有你「想要」的一切。

然而，我遇到很多人都告訴我，同時也是問著我，「我根本不知道自己想要什麼！」所以渾渾噩噩地過了很多年。

無論是在求學階段，還是出了社會，甚至連談戀愛、結婚及生兒育女之後，到了奔四的年歲，或者已過了四十歲，他們還是滿心問號，或者滿腹懊惱。怎麼孔子說的「四十不惑」就像嘲笑，更像打臉。

持續做著沒有天賦，也沒有熱情的工作，當然會感到度日如年。

進入一段事與願違的婚姻關係。風平浪靜的時候，感覺還算是妥協；心生怨懟而驚濤駭浪時，感覺當然是犧牲。

思考自己不想要的，是幫助釐清的一部分，也是認識自我的過程。

如同刪去法，每個人的渴望都不盡相同。每個人的期待，更可能有天壤之別。

你只喜歡搭頭等艙，進行奢華的異國之旅；她則偏好搭乘廉航，背著行囊，一步一步，完成她心中的古道之旅——馬丘比丘。

沒有對錯，各自獨特，也都是選擇。

28 減少關係裡的誤解，清楚自己的界限及底線

當我們清楚自己不想要的，才不會把自己的犧牲，誤解成妥協及配合。

對方也能早點知道，你的底線一直就在這裡。他的超過及逾越，是冒犯，也是不尊重。

隨著持續累積的生命經驗、歷練及考驗，我們才會更清楚看見，自己的底線以及界限。

界限與底線並不相同。

界限是劃出一個安全範圍，在裡面，還有嘗試、縮小及擴張的空間，可以修正及調整；底線則是臨界值，踩到了，往往就是引爆，接著燎原。

也因此，認識自己不想要的，是多麼重要。清楚自己的界限及底線，減少錯誤決策，也減少關係裡的誤解，同時也能讓認知及情緒失調，不會頻繁出現。

我們都期待過好這一生。以前的人，多半是摸石子過河，試錯試誤的機會多；但願我們這一代的人，手裡能有一盞燈，幫助我們照亮前行的道路，讓我們能夠看清楚一點，也擁有滿意的一生。

懂得拒絕，並不是壞人，反而是真正明理的好人。

因為你做出了適合自己能力，符合自己意願的選擇，所以不會在其實很快到來的以後，覺得「別人應該為自己的犧牲負責」。

更重要的是，你尊重自己的判斷，接納自己的選擇，以及選擇後的結果。你對得起自己的人生，你的生命正是因此而獨特。

堅持當好人、以和為貴的先生，卻是壓垮婚姻的主因？

你的不表達，是善意，還是軟弱？持續「認識自己」，別讓它成為終其一生的遁逃。

「你還好嗎？怎麼這陣子都沒聽到你提起你太太。你好像也不常回家？」他看著同事日漸瘦削的臉頰，深陷的眼眶，好心地問候一下。

「別說了。我們距離上次說話已經三個禮拜，LINE 一打開，就是連珠炮般，接連幾頁的抱怨。沒有性生活的日子已經三年，更早以前的相處雖不至於相敬如冰，但互動就像白開水，一切乏善可陳。」

同事意興闌珊地揮手，即便垮著一張臉，但也勉強擠出一絲微笑，算是對關心表示謝意。

只是家家有本難念的經，他家也沒逃過一劫，也有專屬的那一本，沒有比較好念，而且其中的關係難題，恐怕問誰都白搭，問誰都無解。

「好吧，兄弟之間，你懂的。你若不想說，我就不多問，但是想說的時候，儘管找我。」

他拍了一下同事的肩，輕輕嘆了一口氣走開，心中多少有個譜。

同事就如同多數人一樣，時間到了就結婚，跟太太的關係一開始還算可以，偶爾也會一起旅行，可是每當兩人出現爭執，同事就是秉持好好先生主義，想著以和為貴，包容就好，事過境遷就會天下太平。

哪怕太太為了小事就發飆，離婚兩字總是掛在嘴邊，總是說著後悔嫁給他，他還是不反駁、不發怒、不張揚。

殊不知**關係裡的問題懸而未決，地雷總是不拆解，就是持續累積成壓垮駱駝的稻草堆**。

生活就是酸甜苦辣，只有你最清楚吃進自己嘴裡的飯菜到底香不香。

關係就是如人飲水，只有你最了解你們之間的關係到底是滾燙、溫暖，還是冰冷。

我們對於自己，往往都不夠了解，甚至誤會了自己過一生

包容的出發點，在於你對自己的了解。可是我們對於自己，往往都不夠了解，甚至誤會了自己過一生。所以才有所謂的發展危機，尤其是耳熟能詳的中年危機。

人生到了某個階段，往前回顧，覺得為誰辛苦，為誰忙？鎮日就是忙盲茫。或者是聽到伴侶關係裡，三年一個小危機，五年一個大危機，七年之癢已是過去式，關係問題的警鈴，在這個世代都是提早響起。

如果抽絲剝繭，追根究柢，其實日常生活的相處裡，就埋藏著或大或小的問題。乍看因沒有立即的迫切性，也就因此疏於思考，不去正視，還有即時處理。

這些在關係裡如同暗流般的張力，讓許多夫妻的關係長期下來，不只沒有激情，更沒有溫情，只是湊合著彼此，倒數過日子。

當我們認為自己是善意，但其實是軟弱，以及不願承擔表達想法及情緒後的風險？

包容是一種體貼，但是**包容並不是逃避，更不是容忍**。

許多專家都提到了關係裡的界線，但我更想探討在關係裡，回應方式的出發點。

我們習以為常的方式，並不見得對關係有益；即使立意良善，也不見得正確。

在關係裡，溫和或包容的回應，有些其實也是在關係裡，相對弱勢的人。我們多半認為自己的出發點是善意，一切都是不想破壞關係，一切都是為了家庭和諧，但如果願意向內心爬梳，其實是不敢正視自己的軟弱，以及表達想法及情緒後，必須承擔的一絲一毫風險。

曾幾何時，與親密的伴侶分享內心真正的想法，竟成為了生命中的冒險。

冰凍三尺，非一日之寒，關係更是如此

心理學家丹尼爾・吉伯特（Daniel Gilbert）在《快樂為什麼不幸福？》（*Stumbling on Happiness*）一書裡提到，我們高估了自己的想像及判斷能力，所以時常做出未來其實會後悔的決定。

我們總以為能夠預測未來及客觀評估局勢，殊不知只是一個美麗的誤會。有些你現在覺得值得做的事，現在覺得是正確的決定，到了未來，卻沒有想像中值得，沒有預期中正確，甚至是大錯特錯；就像在關係裡，你以為是包容和體貼，到了日後，才發現兩個人是同床異夢，漸行漸遠。

我們都知道冰凍三尺，非一日之寒，關係裡的所有問題也是一樣為難。所以我們應該

盡可能地更早開始了解自己，更早面對關係中的問題，並且學習有助於活化關係的互動方式。

◇◇◇◇◇◇◇◇臨床心理師的處方箋◇◇◇◇◇◇◇◇

認識自己，持續練習。

29關係就是照見自己最好的鏡子

許多人會發現，在不同階段、不同對象的關係裡，自己總是愛上同一種人，無論是明顯的外型，還是內隱的特質，總是受到莫名的吸引，進而驅使自己進一步去認識對方，甚至交往、結婚在一起。

一開始覺得他自信能幹又霸氣，後來覺得根本就是控制慾；一開始覺得她嬌俏可愛、有個性，後來覺得根本就是公主病。

然而這正是個契機，迫使你去面對及反問自己，**為什麼你總是受到同一種類型的人所**

吸引。而且往往在一段時間後，才發現反覆出現「問題」，總是覺得「不合適」。

成長的關係，可以輝映著彼此的優點，激發內在的潛能並且相互支持；剝削的關係，則是更加強化了彼此的缺點，強勢者更加強勢，太過頭，成為獨裁的暴君；弱勢者更趨弱勢，到盡頭，變成任人魚肉的鄉民。

30 優點、缺點，都是特點，學習運用及平衡

面對優點，我們容易妄自尊大，面對缺點，我們容易妄自菲薄。其實無論優、缺點，它都是根據外在環境、依據互動對象在決定它的優劣屬性，回到了根本，它們都是特點。

處在派得上用場的環境，它就是優點；處在不適用的文化或情境，甚至是過時了，它就可能是缺點。

保持成長型心態，對於自己的特質能有持續探究的好奇心，學習在適合的情境中運用它，在不適合的情境中，則是收斂及平衡它。

我們終其一生都在認識自己。

人際剝削

主動地「認識自己」，在任何關係裡，就可以少走一些冤枉路，**用合宜的方式在關係裡表達自己的想法及情緒，不會傷及對方自尊，不矮化自己，更無須長期委屈。**

被動地「認識自己」，則是會在關係裡不斷重複著相同的課題，反覆上演著千篇一律的悲劇。

別讓「關係苦惱」成為我們懸在心中的感慨，別讓「認識自己」這項作業，成為終其一生的遁逃。

「他是處女座，我是獅子座，我們不合啦……」

如何有效改善關係？在於你是否用對方式。我們最大的思考盲點是「注意力偏誤」。

「他是處女座，我是獅子座，怎麼看都不合啦！他謹慎龜毛，出門都要耗個半小時，檢查水電瓦斯各種開關，還有室內拖鞋都要收納整齊；我瀟灑率性，眉毛畫一下就能出門去。檢查？哪這麼倒楣；整理？在家就是要隨性啊！我們為了這些雞毛蒜皮小事，兩天一小吵，兩周一大吵，煩都煩死了。」

Nancy堅持說著他們之間的衝突不可能趨緩，關係裡的摩擦不可能改變，就是因為星座命理早已揭示及注定，接著也撇撇嘴，然後嘆了好長的一口氣。

「星座運勢的確是有準確的地方，這點我不否認；但是你也太相信，接近固執，甚至迷信了吧？」

我不禁啞然失笑，面對著多年同窗兼好友，還是好意提醒一下。

不少人將星座、八字等作為人際關係、生命困境的解釋，且將此當作解決問題的方式

心理學家，同時也是諾貝爾經濟學獎得主的康納曼（Daniel Kahneman）博士提過一個很有趣的概念：「聚焦幻覺」（focusing illusion）。意思是任何你當下思考，覺得非常重要的事，其實並沒有那麼重要；你覺得這就是問題核心，但其實並不一定就是原因。

也就是說，**當你的注意力焦點，完全關注並且鎖定在特定原因時，你就會賦予它過高的重要性，甚至還賦予了因果關係。**

例如，我跟他水火不容，肯定是因為星座不合；我最近時常被主管盯，肯定就是流月不利；我老公異性緣匪淺，肯定是命中劫財帶太多；家裡雞飛狗跳，肯定是小女兒的八字剋雙親。

時至今日，還有多少人對於星座、八字、紫微斗數、卜卦……各種玄妙而神祕的解釋，照單全收，並且深信不疑？至少在我看過的諸多案例裡，仍有不少人把此作為人際關係、生命困境的解釋，接著，就是將此當作解決問題的方式。

然而，它是作繭自縛的自我侷限？還是維持警覺的自我提醒？思考邏輯、運用方式，還有發展結果天差地遠，一切取決於你。

生命裡的痛苦，關係裡的困難，我們都想要找到解釋。因為我們都希望人生的困惑能有地方安頓，內心的焦躁及委屈能夠找到原因。

然而，**很多我們自以為是的原因，並非真正的原因，或者，並非唯一的原因。**

人際關係上出了問題，每個人都會自發性尋求解釋及原因，進而從中獲得有助於解決或改善的方式。然而，如果我們一開始的思考或者理解就出了問題呢？那麼就會使得我們接下來的努力事倍功半，並且持續碰壁。因為出生時辰能肯定，除非你爸媽當年記錯了日期，或者晚報了戶籍。

因此，你會發現很多人深信著錯誤的原因及解釋，不是一鼓作氣，憤而離去；就是繼續吞著鳥氣，委屈配飯，抱怨度日。

我們總是主觀地認為自己客觀，我們總是感性地以為自己理性

不只是星座塔羅、八字命理，還有其他狀況是道聽塗說、以訛傳訛，甚至是問道於盲。親朋好友的經驗，坊間出版的大量書籍，都是我們的另外一雙眼睛，可以帶給我們不

一樣的觀點、視野及知識。

然而，**每個人都是活在自己的主觀世界，同時輔以有限的人生經驗，所以各有其侷限，**永遠都有可以改善及進步的空間，甚至被推翻的可能。

因此，你應該盡可能多方嘗試，找出最適合，也有助於改善關係的方式。

臨床心理師的處方箋

31 留意「思考盲點」，隨時檢視

請對現象感到好奇，對困境秉持懷疑，並動用你的實驗精神及想像力，如同前述所提到的思考盲點：注意力。

當生活當中有太多事情攫取了我們的注意力，因為醒目、因為特殊、因為和你有關……各種因素，都會讓我們關注，進而將它當成原因及理由。

持續學習以及大量閱讀，就是希望能夠與時俱進，藉此**擴充思考觀點的豐富性，帶來解決方法的更多可能性**，以減少既有盲點的影響和攪局。

32調整方法，持續嘗試

我們都不希望白忙一場，我們更不希望彼此的關係會是鬧劇收場，所以思考盲點突破以後，還要搭配成果檢視，才是完整的配套措施。

當然，**在調整及嘗試的過程中如果累了，請提醒自己適度休息，容許自己可以暫停，更不要自我否定**。留有餘裕和彈性，才有接下來的續航力。

我們都不希望自己會「習得無助」，因為長時間反覆受到挫折，得不到想要的結果，達不到預期改善的目標，逐漸打從心底認為自己沒有能力，行為漸趨消極，心理感覺憂鬱。

當然，有了成果出現，作為成績，我們更能肯定我們的思維模式更新有益，我們的努力方式並沒有背道而馳，它自然也是最好的獎勵及證明。

如果你正在閱讀這篇文章，也相信本篇觀點及見解，謝謝你的肯定，身為作者及臨床心理師的我會很欣慰。

然而，我更希望，你能繼續秉持著懷疑及實驗精神，持續思考，敢於嘗試，永不偏廢，找出最適合你（們）的關係解。

有段話描述得相當傳神，就是「不管黑貓白貓，能抓到老鼠的就是好貓」，這也是我面對所有人際關係問題時的其中一個思維。所以，只要對你而言有效，就是好方法。

人際剝削

少一點先入為主，多一點實驗精神；減少膠著的時間，增加改善關係的可能，就能調配出好品質的人際關係，還有幸福、自在的人生。

在婚姻裡，我們因軟弱而搶著當好人，卻將另一半塑造成壞人?!

當你勇於面對關係裡的困難，你不必一開始就要求自己去做一個大突破，你可以先從小處著手。

「反正就是嫁雞隨雞，嫁狗隨狗。人生不就是這樣嗎？」姊妹淘難得聚會，從阿嬤那一代就開始流傳的婚姻八字箴言（還是詛咒）就立刻出場。

她細數已婚的大學同學們，也多半是這樣。黃臉婆的生活，喘息的空檔就是追劇、看歐巴。跟老公的親密行為？算了吧。沒有性生活有什麼大不了，每天為了小孩都忙死了，整個家庭還算可以運作，就已經是祖上積德。

柴米油鹽醬醋茶，每天張眼就開始忙。心盲無所謂，至少還沒眼盲。她這樣安慰及說服自己。還有，衣櫃打開都是阿嬤內褲也無妨，反正膚色最百搭。

「當年你可是馳騁系上，說理論道萬丈光芒，還雄心壯志的俠女耶！你的熱情呢？你的理想呢？就這樣全部都把它化作愁腸？」

我大惑不解地發問。沒有踏入婚姻這座圍城的我，問了個有些失禮，卻又萬般好奇的問題。

「不甘心啊！但是那又如何？小孩都生了，時光不能重來。他沒什麼大缺點，就是性格溫溫吞吞，總是當好人，所以他在同事眼中就是妻管嚴，而我在他同事的想像裡，就是個強勢的太太，婚姻關係裡的壞人吧！」

她嘆了一口氣，把杯中最後的一口果汁喝掉。

曾幾何時，自己的人生變得乏善可陳。婚姻裡面只有義務和責任，她成為千篇一律的怨婦，幸福、快樂已經是好久好久以前。

我們為什麼總愛當好人？

在關係裡，我們時常判斷著誰是壞人，誰是好人。而劇本往往是這樣的，不反駁、不發怒、不張揚的，往往被當成好人，也自以為是好人，不分性別。

他可能是眾人眼中的好好先生、新好男人；她可能是朋友眼中的賢良太太、完美女人，然而**將心中的想法和意向埋藏起來，把選擇及判斷交給別人決定及安排，那不一定是尊重，或者，不是純然地尊重，而是用尊重包裹著內在的軟弱**。

她不是真的「沒意見」，他更不是什麼決定「都好」，而是決定後的結果，她不敢擔，事情的成敗及外在的評價，他不想扛。

沒有人是真正的受益者。長期下來，每個人都是受害者

我們時常聽到朋友、同儕、手足或父母的日常抱怨裡，總是有著口中的壞人，而那個壞人就是他或她的枕邊人。

與敵人共枕的劇情竟然家家戶戶在上演。

媽媽打電話跟女兒抱怨她老公的脾氣惡劣、仗勢欺人；同事跟你抱怨我老婆不是人，花錢如流水還公主病上身；弟弟跟姊姊抱怨女友是個武則天，去哪裡都要報備，發票不定時檢查，通話紀錄不定期查驗，說話總是咄咄逼人、得理不饒人。

如果他們這麼糟糕，為什麼當初會互相吸引？如果關係這麼不堪，為什麼還要繼續？

我曾經提過，關係是動態平衡，關係更是動態調整。如果當初兩人會互相吸引，萬般契合，那麼，在接下來的相處及互動過程中，到底發生了什麼事，才變成了今天的關係劇本？

如果他們因熟稔而生侮慢，那麼，我們是否因軟弱而搶著當好人，卻把對方塑造成壞人？

你就是改變關係的起點。**孩子不是維繫婚姻的唯一支點，更不該是父母轉移注意力的焦點**。

關係裡的困難，在關係裡解決。不要迴避，更不要潛逃到第三人的空間。

有孩子的夫妻，把孩子當成唯一的共通話題及聯繫，越來越少兩人之間專屬的交流及親密。夫妻不去處理關係的問題，而將心力及注意力焦點全都轉移給孩子。所以孩子或大或小的狀況，輕易就能動輒得咎，因為孩子背負了另外兩個人的情緒張力，他成為了支撐父母婚姻的唯一交集。

把僵化有害的思維丟掉，把持續無效的互動換掉。關係的角色劇本：他攻擊，我就反擊；他逃避，我就生氣；她發飆，我裝沒事；她無理，我就是正義。每天的劇情日復一日，每次的反應千篇一律。

很多人都是在勉強自己，關係裡的所有問題——關係裡的無奈，關係裡的痛苦，關係裡的委屈，關係裡的窒息。

雖然還能呼吸，但只有稀薄的空氣。因為習慣就好，但也鈍化了；因為習慣就好，但也僵化了。

臨床心理師的處方箋

33 目標無須壯闊，但你一定可以，為自己和關係做些什麼

你敢說出真心話嗎？你敢面對關係裡真正的困難、承認內心真正的渴望嗎？「勇敢」兩個字，說起來容易，做起來卻是一點都不簡單。

所以，我們不必要求自己去做一個大突破，而是可以從小處著手。例如，**你表態過的界限，別怕反覆說；你心底的不好受，縱使說不出完整的全貌，至少要願意透露。**

34堅持下去，就會有效果

即使微渺，即使目前僅有一磚一瓦，進步只有一絲一毫，但是日積月累，積沙成塔，滴水就能穿石，你會寫下生命裡的奇蹟。

長年的心理工作經驗告訴我，現在沒效果，不代表長期下來沒有用。年初堅決不嘗試、不配合的個案，沒想到到了年底，竟然突然感謝我。她說：「心理師，你今年一月說的，真是對極了！」

我感謝自己沒有放棄，但是我更慶幸，她願意給自己再試幾次，直到自己的人生出現轉機。

甘地說，Be the change you want to see in the world. 而我想，Be the change you want to ENJOY in your relationship.

你想要的關係劇本，你喜歡的互動方式，到底是什麼？我們都需要丟掉手上的劇本，創造優化的版本，凌駕原始的版本，那才是你真正渴望的人生。

「女人開車就是有問題！」先生嚴苛批評新手駕駛的太太

如何終結人際剝削？

慾望和恐懼，是我們一生必須修練的兩件事。

巧克力、洋芋片、千層蛋糕、肋眼牛排、麻辣鍋、炸雞、燒肉、起司焗烤……這些數不清的高熱量美食，你喜歡嗎？我很喜歡。你怕身材變形，日漸走鐘嗎？我也擔憂。

關於美麗與食慾，我們每天都在拔河，在慾望和節制之間持續拉鋸著。

如果能飲食無節制，日日大啖美食，肯德基炸雞桶配上冰涼的可樂或珍奶；還無須額外騰出運動時間，安排運動計畫，不用日跑三公里，臭汗如雨，氣喘吁吁，女人同時保持苗條纖細、膚質緊緻，男人能有結實六塊肌，而不是鬆垮啤酒肚，節節升高的體脂，那麼肯定是快樂無比。

人際剝削

你也希望如此嗎？我相信每一個人都是。

每個人都有著慾望和恐懼。慾望和恐懼從小到大，如影隨形。它是正向成長的起源和行動力，但也可以推到極致，變成了貪婪和受到限制。

因為貪婪，所以想要得到最多，最少失去。**因為恐懼，所以害怕改變，不願放手嘗試，哪怕只是表達壓抑已久的怒氣。但退讓過多的委屈，卻讓改善關係的最好時機消逝**。還有，我們讓改善關係的可能性受到限制。

但是，這從來都不合理。

除非你有萬中選一的幸運，能夠付出最少，卻將所有好處一網打盡；除非你有累世的福氣，能夠置身理想國，身邊盡是好人好事。

為什麼會有剝削？因為人都有想要感到優越的慾望；因為人都有失去歸屬感的恐懼

人際關係裡，為什麼時常會有剝削的情形？因為人都有想要感到優越、獲得控制感的慾望；因為人都有失去歸屬感、安全感和依靠的恐懼。剝削與被剝削，從來都是相輔相成，一體兩面。

「你到底行不行？女人開車就是有問題！」

他一邊指導，卻又一邊批評，讓新手上路的太太更加惶恐及焦慮，深怕下一個轉彎路口，就又要被老公斥責一次。

「走開，走開！你這麼笨手笨腳，不要給我進廚房添亂。」

她一邊吼著前腳才剛踏進廚房，意圖幫忙的老公。

原本滿心雀躍，想要表現體貼的老公，這下不知是該前進，還是後退。內心盡是好心被雷親。

我們都希望優勢被看見，能力被肯定，而這些都需要先有場域，才能表現。而關係就是場域，關係裡面就是人，作為權力變化及能力強弱的表現與執行。

所以擅長開車的老公，對於新手駕駛的太太批評起來毫不留情，因為關於駕駛，我很行。所以擅長烹飪的老婆，對於好意體貼的老公下令起來口無遮攔，因為廚房這裡，是我的領地。

說出真心話，設定不容侵犯的界線，對於許多人來說，都會激發他們內在深層的恐懼

每個人都需要優越感，沒有人喜歡輸的感覺。阿德勒心理學的核心重點：「自卑與超越」就是在說明這個歷程。一個人想要克服自卑，擺脫無力的感覺，其人生目標就是追求優越，企圖超越。然而優越的發展可能是帶來利他，也可以是帶來剝削。

人際剝削

因為根源是自卑，若是正向、健康的發展，可以是克服自身的弱點，強化自身的優點，並帶來內在成長，進而貢獻社會；**若是負向、有害的發展，就會是透過貶損、批評別人的行為，來獲得控制感，用優越感的假象，滿足內在深層的自卑。**

那麼恐懼呢？它讓我們試圖否認，侷限了我們內在真實的渴望，綑綁了我們將渴望從想像化為真實的行動力。

我們害怕失去關係，因為關係就是歸屬感、安全感和依靠的根據及所在地。而說出真心話，勇敢表達，設定不容侵犯的界線，對於許多人來說，都會激發他們內在深層的恐懼。

因為我們多半無法預期，對方的反應會是接受，還是駁斥，是節節告退，還是步步逼近。這變成雞生蛋，還是蛋生雞的千古難題。孰因孰果，難以釐清。

臨床心理師的處方箋

35 用正確的方式滿足慾望，克服自卑，成就真正踏實的優越

慾望本是中性，而追求優越也是天性。請透過內在能力的成熟、強大以及深化。

例如，投入各式各樣的專業學習或者心理成長課程，而不是從人際關係裡，經由踐踏別人的自尊，剝削別人能量的方式，獲得暫時的優越。

這長期下來只會是無止盡的空虛、人際關係的疏離，以及最親近的人逐漸遠離。

36 用合宜的方式轉化恐懼，循序漸進，就會是正向的行動力

恐懼讓我們即刻就想逃，一秒都等不了，所以最重要的關鍵是循序漸進，逐步修正及靠近。

在關係中相對弱勢者，要表達內心想法及感受從來不容易，所以最常見的狀態就是能忍則忍，最後就是忍了一輩子。

如果有機會，讓這些人一股腦地全盤托出，往往都是關係破碎，分崩離析之際。所以，如果可以，請趁早著手；如果可以，先從少量開始；如果可以，務必記得要在過程中持續提升自己，當你內在有了能量，才能有足夠篤定，去面對更深層的恐懼核心。

害怕失去關係，就要罔顧關係品質？害怕失去歸屬感，就得割地賠款，讓人得寸進尺？害怕失去依靠，即使這段關係搖搖欲墜，也要緊抓不放，讓習得無助感逐漸成形？

以上這些問句都可以持續反問，並且提醒自己。

人際剝削

我們都渴望成長，但是**請記得，沒有無痛成長這回事**。如果可以不費吹灰之力，沒有人喜歡懸梁刺股，勉強精進。

人類終其一生都在修練慾望和恐懼。我們別誤解字面上的意義，慾望和恐懼其實是中性，端看我們如何運用以及詮釋。

慾望就是渴望，恐懼就是想要改善的起點及行動力。當我們內心成長了，內在富有能量，有健康的優越感，就不需要，也不會從人際關係當中，有意識或者無意識地刻意討好、逢迎、壓抑或委屈，抑或嘲弄、貶斥或控制別人來感覺自己很行。

人際關係良好的前提，從來都是從自己做起。

終止人際剝削的困境，更是從耕耘自己內在，強大自己能量開始。

關係無法盡善盡美，但是關係卻是一直能動態調整。每個動態之間，都是改善的機會。請相信你值得高品質的關係，值得過好屬於你的人生。

「婚姻也就這樣子了……」年近五十的他聊起婚姻，哽咽不已

幸福的人生在於良好的人際關係，但我們卻習慣繞遠路。

「老實說，婚姻也就這樣子了。她在臉書上面罵我，她跟親戚說的那些，我對她的不好，其實都是子虛烏有。」

辦公室裡早已作鳥獸散，年近五十的他，還不收拾公事包回家。聊起婚姻裡的苦水，原本佯裝瀟脫的面容逐漸崩塌，接著男兒淚潸然落下，接著哽咽到無法自已。

「百年修得同船渡，千年修得共枕眠。你們還住在同一個屋簷下，這樣的日子怎麼過得下去？不跟嫂子好好聊聊嗎？」

我關心地問道。

「有用嗎？還是忙工作吧！至少每個月有錢拿回去，孩子她也顧得挺好的。晚一點，我跟老陳約好了居酒屋碰頭。要不要一起來？」

他接著把話題帶開。

大概覺得一個大男人再哭下去，實在是沒面子。

你最渴望什麼？你最關心什麼？什麼是你的人生目標？什麼是你的一生追求？每個人「當下」的答案都不相同。

對我來說，幸福一直是我渴望的擁有，關注的焦點，是我的研究熱情，更是我的一生追求。

但是幸福又是什麼呢？每個人當下想到的，可能是富有、名聲及成就，具體可見的就是存款、豪宅名車和事業，這些固然重要，因為我們都是平凡人，我們都食人間煙火。

然而這些，也沒這麼緊要。

因為我們更該了解的是，堅信這些目標很重要的人，接下來的人生會是如何。因為**我們更該了解，有些其實是退而求其次，轉移了目標**。

哈佛「成人發展研究」第四代主持人喬治・華倫特（George E. Vaillant）博士，同時也是精神科醫師、精神分析學者的他，揭示了**幸福的祕密，就是「良好的關係」**（good relationship）。唯有良好的關係品質，才能讓你活得更加開心和健康，兩者兼具。

研究結果並不令人意外，但是研究過程令人震撼。

不意外的是，人際關係會影響你的情緒及生活滿意度，這論點早就可想而知，不會石破天驚。

震撼的是，它花了七十五年的時間，追蹤大規模的樣本，呈現出人類完整的生命週期，並透過質性訪談的方式再次告訴你，幸福的人生從來沒有祕密，**你現在追求的，沒有你想像中要緊。你最該關心的，就在你身邊而已**。

也就是，所有人際關係的品質，對你而言，是最重要的。除此之外的追求（或者逃避），只代表了一件事，那就是現在的你，正在「繞遠路」而已。

所以很多人活了大半輩子，走過大半個世紀，驀然回首才發現，自己的人生有一個很深的缺憾，而且這份缺憾、這個空洞不是金錢、地位及成就能夠填滿。

幸福人生的鑰匙，曾經就在身邊，但是不知不覺把它毀壞；幸福人生的拼圖，曾有機會拼貼及修補，但已錯過最好的時機，剩下的只有無限的唏噓。

所以，結束一天的辛苦工作，窗外華燈初上，路上車水馬龍。回家以後的空虛寂寥，無法明說的孤單低潮，只有冰箱裡的啤酒、追不完的美劇，還有線上遊戲，常相左右。還好這些能讓時間變快，還好仍有地方能讓自己遁逃。

人際關係在中年時期的常見樣貌。不想繞遠路，請即時調整跑道

朋友：各忙各的，漸行漸遠。男人之間總有競爭關係，說出心事就像是矮人一截，這困住了多少男人。這是華人社會文化的陋習，更是長年迷思。

女人大致區分成了媽媽及單身兩大族群。媽媽非常偉大，從此心思都圍繞著孩子打轉。單身族群討論的，都是哪個男人不上心，三十歲以後的戀愛總是讓人失望又傷心。所以多年好友之間，逐漸陌生，甚至產生誤會和嫌隙。

伴侶：王子與公主過著幸福的一生，這是童話故事的劇情，許多人婚後才開始如夢初醒。

白雪公主變成管東管西的虎姑婆，白馬王子成了茶來伸手、飯來張口的公子哥，成天只會挑剔、鬼吼。有心事，不太明說；有誤會，總讓人猜測；柴米油鹽的乏味、日積月累的摩擦，加上各自增生的誤解，就讓曾經最為契合的兩個人開始同床異夢，漸行漸遠。

親子：他們曾是愛情的結晶，如今只是維繫婚姻的唯一。

世界上有沒有好的親子關係？有，但是為數不多，因為好的親子關係，源自於父母本身的成熟與覺醒。但是成熟的父母多嗎？其實也不多，因為**每個父母都曾經是受傷的孩子，甚至「仍舊」是受傷的孩子**。

成為父母本身就是一條漫長的學習之路。所以有些父母對著孩子發莫名的脾氣，把自己尚未解決的困難，帶到孩子的生命裡。因為不懂得跟孩子相處，所以用3C餵養孩子的好奇，讓自己能夠休息，然而在此同時，自己也是滑手機，從來沒有停。

原生家庭：回家是一條最難走，但也是邁向成熟的必經之路。與父母的關係是一切的起點。曾經受傷的孩子，就是如今軀體形貌長大的我們。

有些人終其一生都在盼望著父母的一句對不起，有些人持續跟著父母負氣，錯綜複雜的過去、盤根錯節的故事難以釐清，當然還有手足之間的關係，這一切都來自於原生家庭。

你說，總有一天會處理；結果，往往都是「來不及」

《哈佛教你幸福一輩子》一書揭示了想要「老得好」，就是要原諒、感恩與喜悅。那麼，我們可不可以從「現在」就開始？

臨床心理師的處方箋

37 面對和學習，關係才是你的幸福追尋

人不會因為時間到了，年紀大了就自然成熟。**成熟的關鍵是**不斷學習新事物，並且**讓新的人、新的可能性走進你的生命裡**。

以前的人總說「活到老，學到老」，其實應該調整為「學到老，活到老」。只有秉持著持續精進、終身學習的成長型心態，才能調整無效的人際互動，把有益的人際互動方式，試著應用在日常生活裡，也就是願意學到老，才能好好地活到老，擁有高品質的人際關係，並且健康又開心。

38 原諒無法處理的，感恩可以化解的，把喜悅帶進生命裡

對於人際關係的努力，我們必須要有合理的目標，才不會徒增無謂的挫折，讓自己更加困擾。

關係是雙向的，所以努力也是雙方的。無法一起努力的人，認清事實，也是必須。

為什麼要原諒？因為要讓你「早點」放過太過努力的自己。

至於能夠化解的關係，心存感激，有時候那是一種好運。

生命裡總有許多種感受和情緒，希望喜悅會是你生命的主旋律。

輯三

親情裡的人際剝削：

那些以愛之名的期待，
以血緣為由的枷鎖

「爸爸為了你早出晚歸，你怎能讓我失望？」

犧牲，不是孝順的唯一選擇。
我愛你，但我也想過好我的人生。

以下的情節，在你、我的生活中，應該都不陌生。

「爸爸為了你早出晚歸，工作這麼辛苦，你還不好好練琴，只想著看卡通或休息。照我說的做，才是乖孩子。」

看著相差一歲，卻在一旁玩耍的弟弟，你的心中有著許多惱怒和不平，還有更多的罪惡感在心中翻騰。

為什麼只有我要聽話？為什麼只有我妥協、順從父母的安排及旨意，弟弟卻可以半途而廢？

弟弟可以自己決定不學鋼琴，因為他更有興趣及擅長的是體育，而我明明不怎麼喜歡鋼琴，喜歡的是畫畫，卻得壓抑真正的興趣，去成為父母心中及親友鄰里眼中的音樂才女。

你是否在長大以後，不管是結婚對象，或是科系、工作、職涯選擇，你的父母都與你抱持相反意見，甚至你的父母也想要輕重不等的干涉及介入。

例如他們對你說：「夢想哪能當飯吃？你也快要三十了，怎麼心還這麼不定。還有，你上次帶回家的女生，爸媽覺得不好，加上學歷上也差了你一截，交往還可以，但是要結婚，就萬萬不行。」

你想孝順，但不想順從。

你聽起來不僅煩惱，甚至一肚子火，不知如何是好。

親子間怎麼會有剝削？

什麼是人際剝削（Interpersonal Exploitation）？在人際關係中，以透過不公平的方式，讓人感到不愉快，甚至是殘忍的方式壓榨對方，而達成自己的目的。

有關剝削，從馬克思理論來看，勞動階級以低於實際價值的工資為資本家工作，出售自身的勞動，而資本家則是剝削了勞動階級的成果所有權，並且聚斂了剩餘價值。

從教育部的國語辭典修訂本的舉例，《梁書・卷三八・賀琛傳》：「故為吏牧民者，競為剝削，雖致貲巨億，罷歸之日，不支數年，便已消散。」這些都指出了剝削的共同核心，那就是上對下，強勢對弱勢的相對關係。

人際剝削

避免人際剝削之所以重要，是因為「我們都想要過好我們的人生」

剝削是權力高的人，去要求、壓榨沒有權力或者是權力相對較低的人。

若是兩個好朋友相聚，不太會出現人際剝削。因為今天我請你一客貴族世家，下回我卻要你請我勞瑞斯時，你一定會立刻拍桌走人，也因此剝削無法成立。

所以，一旦有著權力位階的人際關係，就有可能出現人際剝削的情形。因此，「人際剝削」的關係常見於：

- 父母對子女。
- 老闆對員工。
- 強勢伴侶相對於弱勢伴侶。

避免人際剝削之所以重要，是因為「我們都想要過好我們的人生」。

而想要過好這一生，就不能忽視圍繞在我們身邊的人際關係，尤其是從小到大，一生相隨，最緊密，也最無法割捨的親子關係——父母和子女。無論是以關愛為名，但卻不切實際的期待；還是以血緣為名，但卻窒礙一生的枷鎖。

◇◇◇◇◇◇◇◇◇◇◇◇◇◇◇◇◇◇ 臨床心理師的處方箋

39覺察：並不是生你的人，就是最了解你的人

當面臨人際剝削，我們習慣先投降，想要在關係裡面當個順從的好人，這有很大一部分原因，是我們潛意識裡的自我就是矮人一截，所以覺得自己沒有表達真實意見及想法的權利，當然也就沒有談判的籌碼及空間，但這往往有很大一部分是畫地自限，甚至是自我設障。這是潛在的自我矮人一截。

怎麼說呢？如果你是果農，雖然你明知自己種的瓜很甜，只是賣相不佳，自然就失去推銷的信心。如果你是孩子，雖然你明知自己對於音樂就是興趣缺缺，你喜歡體育，熱愛運動，想去球場廝殺個幾百回，操場跑個十幾圈，都好過面對五線譜如此折磨人，但一想

到爸媽的耳提面命，或者已經砸下去的學費，你就覺得自己的興趣好像有點遜。音樂藝術比較厲害、不同凡響，然後就繼續認栽。

很多時候，你不爭取，你不明講，別人真的不了解，父母也是。父母不會因為生養我們，就會是最了解我們的人。

我們應該要了解，人多半都需要外在回饋，才能看見自己的行為、表現哪裡需要調整及修正。

40思考：考慮你能做到什麼程度

不讓你為難的，你配合。你做得到的，你考慮。

人生可以很糾結，但也沒這麼多糾結。怎麼說呢？

如果是做起來不為難的要求，那麼就順手做了吧，皆大歡喜。當然這也代表，對方的要求是在你的能力範圍內，也就是你不用過度費力（打腫臉充胖子），甚至扭曲自我就能做得到的。

華人社會一直有著光宗耀祖，使命般的詛咒。我們做的一切，無論是課業學習、選擇伴侶、工作及職涯規劃，都要能夠上得了檯面，讓父母在親友面前能夠吐氣揚眉，所以父母期待兒女有優異表現，兒女希望能不讓父母失望，就成為了今生最深的桎梏。

好的發展，將會是皆大歡喜；但若是不好的發展，就成為了痛苦的親情迴圈。

41 表態：表達我不想順從的部分，破壞假象的和平

表態也就是執行。**我同意最困難及關鍵的一步就是表態**。因為我們都希望能夠損失最少，獲得最多。一旦表態，可能讓我們失去原有的優勢及利益。即使是假象的和平，都讓人多麼不想要失去。

可是生活就是如人飲水，冷暖自知。我們保留了不想失去的，卻也同時阻絕了渴望獲得的。可能是機會，可能是選擇，**當然也可能是這一生的自由**。

華人社會相當講究倫理及孝順，然而孝與順有時是相互抵斥的。

不同時代，不同社會環境、不同的個人條件、狀態及階段，還有未來的趨勢，都無法以不變應萬變，用過去的做法因應未來的局勢。

我相信父母都希望兒女過得幸福，不希望兒女未來的人生過得愁雲慘霧。但是**當你的幸福和父母認定的幸福出現衝突和牴觸時，你必須學著長大，負起責任，有意識地做出選擇**。

你真心渴望的人生，你真正想要的生活風景，**必須勇敢及堅持，那才是真正的孝順**，並且是有智慧的孝順。

「我花這麼多錢讓你補習，你到底都學到哪裡去？」

話若無法說得動聽，至少不要難聽。
用詞透露出關係裡的權力，還有「位置」。

「你怎麼這麼笨！連拿杯飲料都拿不好，笨手笨腳的。我當初一定是鬼遮眼，不然怎麼會娶你進門！」

這是夫妻對話。

「你看看王媽媽的女兒這一次考試突飛猛進。我花了這麼多錢，讓你補習，加強這麼多科目，學習這麼多才藝，你到底是都學到哪裡去？不要跟我說 NETFLIX 的《你的孩子不是你的孩子》，那都是戲。媽媽如果不是為了你好，擔心你以後沒有競爭力，我才懶得管你。」

這是母子對話。

「你穿這樣能看嗎？走在一起，真是丟我的臉。拜託你也翻翻《GQ》，學學裡面的型男穿搭風格。你這樣真是土爆了，叫我怎麼跟姊妹淘介紹你是我的男朋友。」

這是情侶對話。

帶著筆記型電腦，靜靜坐在咖啡店一角的我，聽到三種關係，三段對話。內容雖然不同，但都有著上對下的位置及關係。

一個頤指氣使，一個聽話認命；一個自以為是，一個強忍壓抑；一個傲慢無禮，一個丟臉丟到太平洋去。

為什麼說的人毫不自知，聽的人卻痛苦不已？

我時常思索，把一句話好好地說出來，有這麼難嗎？實際上，就是有這麼難。困難到「說的人毫不自知，聽的人痛苦不已」，然而這又隨處可見，是所有人際關係裡最難念的其中一本經。

如果內涵是關心，本質是善意，能不能如實地表現在語氣、行為及態度上？而不是用了惡毒的形式，尖酸的言語，把好好的一段話如此傳遞。不加油添醋，不拐彎抹角，甚至用了醜陋、險惡的包裝紙。

關係裡的權力與「位置」，讓各種關係，很難存在平等。

例如，所有我們聽過的稱謂，父母對於子女，丈夫對於妻子，姊妹對於兄弟，學生對於老師，同事以及上司……這些基於血緣、婚姻、職業及各種社會文化承襲下來的機制，所帶來的關係稱謂，有些乍看之下，是對等與平行，例如夫妻、情侶、手足與同事，但實際上，都仍有著上對下的互動實質。

別再用「其實他也是為了我好，一定有我沒顧慮到，沒做好的地方」來麻痺自己

沒有人樂於待在下位，多半是礙於形勢，不便發作。還有華人文化相當常見、習慣並且推崇的「客氣」及「不好意思」，所以會先忍耐壓抑，看似若無其事，甚至**有些人的忍氣吞聲，連自己都毫不自知**。

他們常常會用「以和為貴」、「我是為了這個家」、「其實他也是為了我好，一定有我沒顧慮到，沒做好的地方」來安慰或說服自己。

因為聽來冠冕堂皇，因為聽來是為人著想，所以更容易讓關係裡的人際剝削，籠罩著更多層的面紗，怎麼看都看不清楚；甚至如同病菌的潛伏期，會在將來某一天發作現形，

或者大爆發。

臨床心理師的處方箋

42 看見你的不舒服，承認你的負面情緒，無須「不好意思」

我們的文化並不鼓勵我們為自己積極爭取，是的，就是為自己。如果是為了大眾福祉，如果是為了別人利益，就會站得住腳，容易被接受，並且特別好聽。所以當我們聽見有人對我們說了無禮，並且難聽的話，第一時間能夠端正己色，糾正對方的人，通常是少之又少。

另外一個原因，就是**許多人錯誤理解了「關係界限」，以為我們如此親近又親密，當然是可以直接說出口，或者可以這樣說**。

我們可以進一步想，直接說、可以這樣說的權力是誰賦予的呢？其實，沒有人。那麼，聽的人，例如你、我，就活該這樣聽，並且接受，難道不能拿起掃把，把這名無禮的不速之客趕走？

還有，直接說、可以這樣說的更深層心理狀態與機制，並不是親密，而是上對下的權力，還有我高於你的位置。

任何關係都有界限。所以，血緣關係不是用來踩線的名義，伴侶關係更不是用來考驗別人底線的工具。不是你與我朝夕相處，或者天天見面，就能有剝削別人的權力，並且享有特殊待遇。

尤其是父母對待子女，更常見到界限與情緒糾纏不清。所謂的對事不對人，就事論事，只是理想上的紙上談兵，實際上無法冷靜，更很難理性。

43 接納自己的軟弱與脆弱，逐步走回你想要的位置

不過，這一點無法一蹴可幾，也沒有好運加持。軟弱與脆弱是每一個人都有的心理特質，只是每個人會在不同時間、不同事件、不同層面及領域表現出來，或者特別顯著。

尤其，**我們的社會更加排斥男性表現出與「弱」相關的所有特質**。柔弱、軟弱或脆弱，一旦被發現，被偵測到了，就被貼上了一個大大的標籤：「你是LOSER」，所以避之唯恐不及。

我時常看到，男性族群中不乏活了大半輩子，開始認識自己之後，才敢面對及卸下這

層枷鎖。

我們都是一步一步，找到及走回自己真正想要的位置，不被剝削，不再委屈。

剝削者：在關係裡恃強凌弱的人，並非真正的強，而是他或她必須能有個地方，能有個對象去彰顯、去表現自己的強。

說難聽的話，批評、支配、控制或指使，都是權力的展現。因為人都需要掌控感，或者可以稱做控制感。

然而，當生活當中的其他人事物不可掌控時，就往往轉向可以控制的，例如身邊表現順從或者相對弱勢的人。

被剝削者：在關係裡順從、忍耐的人，有許多委屈及辛酸。我並非鼓勵大家要挑戰權威，無條件，甚至刻意作對，因為那只是為了反對而反對，而是當這些「指教」言過於實，甚至扭曲事實，並且語帶羞辱及貶義時，我們能不能有所覺察，並且辨識，同時認識自己開始隱約騷動、忿忿不平的情緒，也看見自己在關係裡的位置。

更甚者，**它會內化成為自我概念以及價值感的一部分**，因為這些用詞很容易被無意識地接受，並且視為他人對於我這個人的評價、觀點，以及了解（即便是錯誤的）。

語言是很有力量的，但它是帶來正向、激勵、改善及成長的力量？還是負向、削弱、惡化，甚至摧毀的能量？有賴我們覺察與自省。無論是聽別人說，還是說給別人聽，尤其是說給自己聽。

我們總對家人最敷衍，卻對外人比較好？

愛是一種錯覺。熟稔易生侮慢，從來不是新鮮事。

「你不是答應過我，這次我陪你回台中婆家過端午，下次換你陪我回台南娘家過中秋，說好了。不是嗎？」

Maggie 氣沖沖地對著老公說。

「唉呀！這又沒什麼。我就忘了嘛！而且我剛剛都已經跟爸媽說好，今年中秋要帶他們去日本玩，你沒看到他們那副開心的模樣嗎？難道要我才開好支票，就對老人家反悔？」

Josh 不以為意地說著，眼睛繼續盯著世界足球賽轉播，全身熱血沸騰得不得了。

這回到底是墨西哥爆冷門勝出？還是衛冕冠軍德國繼續獲勝？注意力全神貫注在眼前的賽事，Josh渾然不覺身旁的老婆已經火冒三丈，怒不可遏。

「這又沒什麼」、「哪有什麼關係」、「這樣還好吧」、「等一下會怎樣」、「有什麼好計較的」……我們是不是很常在親密關係裡，聽到這些話？又或者我們也常常說著以上的話語，搭配著漫不經心的態度，回應著最親近的人呢？

愛是一種錯覺，讓人以為擁有了特權，可以對你愛的人，還有愛你的人予取予求，軟土深掘。

人際關係更是一種美麗的幻覺，但現在的擁有，從不代表能夠持續到永恆；現在還可以，不代表往後不會爛尾。

對於關係，我們都有一種怠慢，還有一種傲慢

怠慢的是，越是親近的人，越是可以慢慢來。

傲慢的是，我們天真以為，關係絕不會更改。

因為，我的一舉一動，我的態度表現，對方都會照單全收，毫無怨言，即使現在不好，也會事過境遷。

所以，對情人承諾的、跟家人約好的，無論大事、小事，無論輕重緩急，我們多半等閒視之，覺得沒什麼大不了。

人們多半會有一種毫無根據的篤定。確信最親近的伴侶，絕對不會走；相信最信任的家人，一定會包容我。這樣的心態是浪漫，也是天真，更是自我中心傾向的最好例證。所以我們時常會看到，家人千交代、萬交代的重要事項，往往都會疏忽去辦，甚至往後一延再延，直到過期。

但是答應外人的事，哪怕優先序無關緊要，重要性微不足道，甚至這所謂的外人，只是隔了八條巷子，前些時日才剛認識稱不上熟識的老李，自己反而會交辦準時，並且盡力做到高品質。

那些親近的人，無論是家人，還是親密伴侶

最早的時候，他們沒說，是基於信任，相信我們自己就能夠做好。到了後來，他不說，是因為早已放棄；她沒說，是害怕失去關係。這些關係裡的互動，其實都在為了「冰凍三尺，並非一日之寒」一次又一次地埋下伏筆。

網路上流傳過一段有趣的話，叫做世界上有一種冷，叫做「媽媽覺得你冷」。那麼，我說，在親密關係裡，有一種滿意，是「只有一個人滿意，卻以為對方也是相同心情」。所以時常見到許多人，把侮慢當成幽默，把刻薄當成有趣，把無禮當成親近；明明自以為是，卻當成將心比心。

人往往是這樣，得了便宜就賣乖，給他幾分顏色，倒是開起染坊來。即使侮慢了對方，甚至已經瀕臨羞辱的層次，有些人仍舊是毫無所覺，還洋洋得意，並且沾沾自喜。

怠慢、侮慢持續累積，人際關係的崩壞正是由此開始

而關係裡的變化就會是這樣，從剛開始只是不經意，偶一為之，變成得寸進尺的慣性。從剛開始的體諒、包容，下不為例，變成沒有盡頭的委屈。

在關係裡，痛苦不堪的人不停思索著，而諮商室裡的個案們，也時常跟我討論著一個問題：那就是「關係的崩壞是從什麼時候開始呢？」事後回溯，往往已經模糊不清，而多數時候也只是自由心證而已。因為他有他的版本，你有你的劇情。

自以為是，說著尖酸刻薄的言語，卻還振振有詞；怠慢、侮慢持續累積，人際關係的崩壞正是由此開始。

所以到了後來，關係幾乎回天乏術的階段，你來我往，唇槍舌劍，雄辯爭執，卻永遠取不到共識，然而**在這樣的過程裡，情感的厚度，關係的品質已經破壞殆盡**。

羅馬不是一天造成的，你我都同意，然而羅馬卻是一天就能夠摧毀，我們都輕忽這個可能性，但它是多麼真切，並且實際。

居安思危並非人類天性，所以才會被耳提面命，一提再提。

臨床心理師的處方箋

44 良好的互動方式，對誰都要比照辦理

用個有趣的比喻，「**把家人當客人，把伴侶當主管。**」你不會對著主管或客人說的話語，面對伴侶時，就別輕易張嘴說出去。

自己認為幽默、逗趣，實則是優越感作祟，想要展現自己高人一等，所以占人便宜，自己要有所警覺，並且留意。因為沒有人喜歡矮人一截，更沒有人喜歡被輕視，還有被當成傻子。

在關係裡輕鬆、自在，不代表放任自己原形畢露。尊敬也好，恭敬也罷，核心都是「敬」這個字。

45 更新你的人際關係互動思維：以終為始的對待

不要等到關係徹底崩壞，才回頭檢討過程中到底發生了什麼事，說了哪些傷人誤己的用詞。

用心觀察身邊良好的伴侶及家人關係，你會發現這些人的共通點，並非天生好脾氣，而是能夠隨時覺察自己的情緒、表現及互動模式，適度收斂情緒，而不是放任情緒失控。**即使怒不可抑，也不會口出惡言，為了一時的痛快，換來關係的破壞。**

想要表達自己的想法及需求時，能轉化成對方可以理解的方式及內容。即使在公眾場合要提醒對方，也會鋪好給對方的下台階，避免讓人失態及困窘。

我們都希望家庭關係和諧、溫暖，我們更希望親密關係甜蜜又愉快，因為，這才是我們想要的關係，也是我們想要抵達的終點，也是目的地。因此，良性的互動思維，正確的方法、途徑，才不會讓我們與幸福漸行漸遠、背道而馳。

「熟稔易生侮慢」不只是諺語，更是人際關係的切身提醒。所以要關係有界限，行為有分寸，心理有覺知。學習對人友善，但也別忘了，你也值得被善待。

把覺知帶進生活裡，留意你的一言一行，它都在不知不覺中，滋養或者侵蝕你的人際關係。

把覺察帶進關係裡，熟稔易生侮慢，親近因而怠慢，從來都不是新鮮事。

經營關係不難，讓每個人與你相處都愉快。

善待自己，才可能同理別人；因為我們無法給予對方，自己都沒有的東西。

當你變得「完整」了，才能具有彈性，不會執著於單一方向、單一結果以及對方必須有所回應，尤其是我所想要的回應，也就是，你不再用「別人」來完整你自己。

「小弟荒腔走板的人生，我們卻要幫他擦屁股?!」

如何避免拖垮所有人的關係負荷？我們都必須學習「課題分離」。

「他走了。前天晚上突然心肌梗塞，不是死於幫派械鬥，不是自殺，更不是車禍。」她的語氣分不清是淡漠，還是平靜。說的是民國八十六年出生，與她年齡相差十二歲的小弟近況。

她是要告訴我，以後再也不用打電話來進行電訪。因為這一切，都已經結束了。而她和爸爸媽媽此時此刻，總算感到了「如釋重負」。

是從什麼時候開始的呢？偷竊、酒駕，還肇逃、吸毒、加入幫派、跟未成年女孩發生性關係，說是網路認識的炮友，總之人家未滿十八歲，就是誘姦吧。

「為了不要被告，我爸媽總是第一時間出面，跟女孩的家長，雙方劍拔弩張好幾回合，但最後倒是結成了親家，結果不到一年就又離婚。我小弟荒腔走板、荒唐可笑的人生，家人都在替他擦屁股。

「可是，當時我爸媽總是說著，『不管到了幾歲，他在我心裡面永遠都是個孩子。』能夠不幫他嗎？然而幫他的方式，就是幫他出面，幫他善後，盡可能不要留下案底或任何紀錄。」

許多人都有著上述的難言之隱：闖禍的家人，惹出各式各樣、層出不窮的爛攤子，是不能被外人得知的祕密。

以為愛之，實則害之；以為善之，實則虐之

孩子是我們的寶貝，但他不是玻璃，也不是易碎的琉璃，而是有著自身意志的可塑材料，也是獨立於我們的個體。

孩子犯了錯，第一時間會勾起我們的情緒，自責、懊惱、羞愧、憤怒、無能感。在自身強烈情緒鋪天蓋地席捲下，能不能先去理解，而不是斥責孩子，就是第一道考題。

如果沒有意識到「這一題」並適度處理，就很有可能循著舊途徑，用著偏頗方式去處理。先理解他的動機，理解他的原因，有沒有我們身為家長或是老師，目前沒有看到或者

想到的，可能的導火線或者促發因子？還是先入為主先痛斥一番，覺得真是丟臉極了，立即施予嚴厲謾罵或批評？

或者另一種極端，卻也是極其常見的反應——我的孩子都是被人帶壞的。一切都是因為誤交損友，旁人的錯，然後私下再千方百計靠關係，弭平一切痕跡。

大事化小，小事化無，不讓孩子面對該負的責任，不讓孩子了解自身行為都有該付的代價，有得就有失。

被箝制的關係，你、我的人生都沒有選擇

「還能怎麼辦？他是我弟弟，是我爸媽的兒子。我爸媽算是所謂的中產階級，當年經濟起飛的時候，兩個人勤懇工作，倒也是扎扎實實賺了一筆，所以在老家附近置產，一棟透天樓厝，就登記在弟弟名下，說是要給他以後的老婆本，當時他才國中一年級。

「爸媽的偏心，身為女兒能做什麼？我也反映過了，跟他們討論過。結果我爸媽說，這就是祖父母留下來的規矩，他們只是比照辦理。

「我心中當然不是滋味啊！但是繼續說下去，就被當成貪心。

「我貪心？你知道嗎？偏心的人，往往覺得自己最公平。即使他們的理由毫無邏輯，

即使他們根本無從證明，用這樣的方式教養兒子，會是恰到好處的教育。即使他們希望自己的兒子，會是成熟而獨立。」

橫跨社會科學，政治、經濟、心理、社會、哲學、人類學……廣泛領域的思想家海耶克（Friedrich August von Hayek）曾說過「通往地獄的路，都是善意鋪成的。」這一句相當沉重的經典名句，其實正是**精確詮釋了台灣多數家庭裡，因為不正確地「愛」孩子，因而導致悲劇的部分原因。**

愛錯了方式，就是溺愛。愛錯了手段，就是徒勞，甚至遭致禍害。

◇◇◇◇◇◇◇◇◇ 臨床心理師的處方箋 ◇◇◇◇◇◇◇◇◇

46 真正的善意，不要用錯了方式：課題分離，必須學習

親情是一生的羈絆，血緣關係則是無法割捨的負擔。課題分離是為了長遠的善，是目前或暫時的必要之惡。正確的人生觀，負責的態度，才能不被愛所束縛，甚至扭曲。

教育必須因時因地，因人制宜。上一代的思維，如果不能與時俱進，我們就會餵養了

下一代他其實並不需要，甚至是有害的東西。

至於課題分離的辨識，那麼，到底是誰的課題？在《被討厭的勇氣》二部曲裡，提到「這個決定帶來的結果，最後將由誰來承受」，然而若更加細膩且犀利來說，其實是「長遠」的結果，不是當下面臨的獎懲，而是思考邏輯、判斷抉擇、處事態度、情緒調適、衝動控制能力……是否漸趨成熟的習得結果。

課題分離的最大難題：介入者 Hold 不住自己的情緒

孩子必須有適度的挫折，才能成長。但是身為照顧者，身為父母，身為最關心他的家人，往往忍受不了孩子被外人評價、責罰以及受到磨難，父母自己內心升起了高度焦慮，所以介入了孩子必須學習的「觀察、思考及判斷、做出選擇，以及接受結果」的任何情境。

這些學習所要帶出來的，正是「對自己的生命負責，為自己的渴望積極，為自己的人生勇敢」的態度及人生觀。這些都需要日積月累的經驗內化，才能在內心深處萌芽及茁壯。

不是放手不管，而是成為堅強的支柱。什麼是支柱？請試想，家裡最粗壯的梁柱會伸出無形的手，在你走去臥室時，要求你先向左轉，還是向右轉，必須走哪一條路嗎？不會。可是當你累了，你可以回來依靠著它，稍事歇息，然後繼續前進，再次出發。

47 真正地為他好，磨練與回饋，才是解藥

每個人都想當好人，但是什麼叫做「好」？什麼才夠「好」？每個人都有不同定義，因為每個人都有不同的條件、期待和需要。

尤其是在關係裡，一心想要當好人，就會容易產生盲點，因為會陷入「好」的執念，更趨主觀而失去客觀。

這就好像，一心想要成為好父母，稱職的完美父母，就可能進入給予模式。盡可能地給予，盡可能地滿足，盡可能地保護，盡可能地維護。看不見孩子的狀態，分不清孩子的感覺到底是冷，還是暖，所以就是不斷加餐飯，過度噓寒問暖，深怕他吹了點風，多受了點傷，即使那有助於他與現實接軌，對於自我與外在世界，能有更切合實際的理解，進而有了成長的空間。

愛錯了方式，維護的就不是自尊，而是逐步建立了虛假的自尊。輕碰不得，容易碎掉。

愛是包袱，也是束縛。愛錯了方式，就是最沉重的負荷，受制於關係裡的傳統角色，每個人都覺得無奈又受苦；認定是宿命，只能把親子關係解釋成報恩、報怨、討債或還債。只能想像與偷偷期盼，也許有一天能夠中止悲歌的循環，因為無法逃脫，所以只能被動等待。

人際剝削

愛對了方式，就是相伴一生的勉勵和祝福。

學習「課題分離」，就是我們能夠給予孩子及下一代最好的教育，以及受用一生的禮物。

「我爸媽往往第一時間就對我怒吼……」

孩子的狀況，反映出大人內心的不安、匱乏與焦慮。給孩子最好的示範，就是你堅定而真實的存在。

諮商室裡，永遠不乏來挑戰心理師底限的孩子。

「怎麼又是你！」

他翻了一圈白眼，右腿直接伸直，並且橫放在桌面上，一副吊兒郎當的大爺模樣。

「是啊！又是我。」

我好整以暇地回應他。

「錢很難賺厚，來這裡受我們這群廢渣的鳥氣，聽這些訐譙。看來，你挺歹命的嘛！」

他邊講邊搖頭，貌似在替我惋惜，然而他的嘴角及臉上卻是掩藏不住的笑意，像是占了上風一般。

就這樣來往了幾個回合。

「你怎麼都不發脾氣啊?!我剛剛『問候』你媽欸！」

他有些懊惱地說，像是百思不得其解，卻也像是自問自答。

「今天出門天氣好得很，我也沒踩到狗屎，加上最近也沒發生什麼鳥事。被你取笑及問候，會覺得不高興是自然，但是衝著你發脾氣，為什麼呢？」

他的眼神及表情開始有些變化。

「我爸媽通常第一時間就是對著我怒吼。明明都是小事，他們卻可以嘮叨個沒完，或者大發脾氣，彷彿我幹了什麼天大的壞事。接著呢，就開始講些狗屁倒灶的人生大道理，但他們沒一樣有做到！」

接著他挑了眉，說：「看來，你這個大人不太一樣嘛！」

挑戰我的忍耐極限，好奇我的情緒反應，看我何時翻臉及生氣。這就是在諮商室裡，跟學生個案工作中，不時會面臨到的情境。

孩子就是你的鏡子。反映出你內心的不安、匱乏與焦慮，那些屬於你的生命議題

我們對於他人的外在回饋，通常都是在意到了心坎裡，但偏偏又羞於承認和啟齒。舉凡學經歷、收入、職稱、頭銜，乃至於年齡、外型，還有家住哪裡，出入使用什麼交通工具，都可能被人列入評比。

同時，外在形象以及內在能力，也在我們的自我價值評估中，占了一席之地。

也因此，當有人用針插進去，質疑、挑釁，或者批評……這些犀利的言語，就會讓我們氣急敗壞，惱羞成怒，想要立刻反擊，無論對方是成人，還是孩子。

若當下不便發作，則是壓抑及掩飾，等到時機到來，看是要明擺著修理，還是暗地裡貶抑，才能消弭心中的恨意及怒氣。

此外，每個人都有自己的人生鳥事蓄水池，以及情緒崩潰臨界值。**讓我們崩潰的瞬間，想要對孩子怒吼、發飆、斥責，以及嚴懲的起心動念，有時候並不一定是孩子本身的行為所致**。

能夠掀起驚濤駭浪的，還有更深層的動力，因為這些行為勾起了我們內在的失控感、無能感及罪惡感。

- **失控感**：平時的工作已經夠繁忙、夠雜亂了！孩子竟還出這些差錯，根本就是火上加油！
- **無能感**：我怎麼連一個爸爸／媽媽都當不好？三不五時就接到學校老師的電話。我怎麼會這麼沒用？

- **罪惡感**：孩子如果沒教好，改天上了社會版頭條，成了隨機殺人魔，該如何是好？每個素材都是最好的教材，每個交會都是最好的教育機會，不管是對於孩子，還是自己。

如實地面對學生，也是如實地面對自己

你不用故作鎮定，你不用佯裝沒事，更不用討好，當然也不用委屈，你都在示範以及反示範，什麼叫做「合宜」，什麼叫做「彈性」，什麼叫做「不卑不亢」，什麼叫做「對事不對人」，什麼叫做「情緒調適」，什麼叫做「自我控制」，什麼才叫做真正地「做自己」。

進行心理工作時，我總是提醒著自己：我是一位心理師，更是一個人。我有喜怒哀樂的情緒，更有屬於自己的生命議題。

這些提醒都在告訴我，要時時區辨哪些是我自己的功課，哪些是個案的課題，不要攪和在一起。

要能明晰地分辨，才能陪伴個案，撥開他生命裡的迷霧，釐清他生命裡的障礙，進而看見生命裡轉化與成長的契機。

當你態度堅定，表現真實，孩子才會信服於你。覺得你不是表面說一套，實際做一套

的偽君子；覺得你不是學校或家長派來的打手，把他當成有問題的人，無藥可救的壞孩子，而是**能夠把他當成「一個人」**，不因為他年紀輕，不因為他的身分是學生，就有了先入為主的判斷，根深蒂固的成見，而是**願意從頭開始了解他**。

從他這裡傾聽，以他為主角，由他來訴說與詮釋的生命故事。

臨床心理師的處方箋

48 言行一致，表裡如一

當我們拒絕面對自己，甚至持續偽裝自己，我們如何能言行一致，表裡如一？誠實地揭露自己的情緒，不是藉機發飆，對著第三者宣洩怒氣，而是**讓孩子看到，每個人都有情緒**。被輕蔑與詆毀，會有情緒；被無視與斥責，也會有情緒。

坦承自己的情緒原來是可以的！因為坦白及誠實面對自己，才能有後續的接納自己。

坊間都把情緒區分成正向及負向，但是宏觀而言，情緒反應都是中性的，更無關優勝劣敗。怎麼說呢？當你把憤怒與自卑轉化為超越及成長的動力，那還會是負向的嗎？

反之，若喜悅及興奮讓我們流於安逸，甚至自大無知，那還會是正向的嗎？換言之，我們不要被外界定義的標籤侷限了我們的認知，隨時都要保有彈性。

言行一致，表裡如一的大人，往往也容易收服孩子們的心。因為你是真誠地與他相會，而不是用社會眼光及價值堆砌出來的條件，還有虛張聲勢的位階。

49 陪你長大，並肩同行

大人是陪伴孩子一路上成長的夥伴。當孩子有困難時，可以一起討論；當孩子需要支柱時，你就在不遠處。

我們都希望被尊重，成人與孩子皆然。當我們的意見被接納及重視時，就會油然而生出愉悅感，而這些愉悅感，也會進一步鼓勵我們朝著這個方向更努力、更精進。

有外在的回饋與獎勵，還有具體可見的良好表現，就能逐步累積出對自我的肯定。

我們都希望孩子能夠健康、能夠快樂，在他們的成長過程中，給予他們真正需要的，**而不是我們將內心無從實現的渴望變形，進而加諸在孩子身上。**

從心理的角度出發，我們能給予什麼呢？我想，就是成為堅定而真實的存在，那會是孩子隨時可見的參照，以及最好的示範。

為了分家產，告上法院，只因她想證明父母還愛自己

終其一生都在討愛：
親情裡的虧待，難以圓滿的遺憾，請先把自己愛回來。

我們時常聽說，孩子渴望父母的認同，但其實，父母也在用著他們的方式，期盼能被孩子認同與接受，即便孩子成年已久，甚至都已長出華髮，年歲也入中年之秋。

穿著兼具質感與貴氣，進退有度，舉止有禮合宜，年近六十，理應耳順的她，就坐在我的對面，說著她們家，還有總算以她為「主角」的故事。

「我只有國小畢業，就去幫人家洗碗，不再升學。當時很早就要出門，多賺一塊是一塊；家裡有兩個弟弟，大弟跟小弟，一個愛讀書，也能讀書，另一個總是貪玩，重考再重考。我們辛苦攢錢給他進補習班，其實他都拿去狂歡。甚至後來做了不少壞事，闖了不少

禍，上警局也是家常便飯。但是我父母還是慣著他，想方設法，盡可能去拜託及關說，看能不能銷案。當然後面你早就聽我說過的，小弟最後犯了重大刑案，案件終究是壓不下來，當然就是進牢被關，不知道要幾年後才能出來。」

她嘆了一口氣，繼續說著這個漫長的故事。

「爭奪家產？他們說分給我的部分已經很多，算是彌補，但這對我來說，根本遠遠不足。我只是把屬於我的、虧欠我的，一次拿回來。」

她繼續說著她的近況。原來是分家產風波上了法院，與父母及大弟對簿公堂。兩方僵持不下，她的失眠及頭疼自然也就越演越烈，無論如何都難以緩解。

不被愛的回憶，被虧待的經驗

重男輕女，矮人一截，被犧牲及必須退讓的感受，已深深刻入骨血，永遠啃噬著她自己。但是成長經驗如同木已成舟，所以痛苦永遠定格，因此她心中那股隱隱作痛的失落，變成終其一生討愛的驅力。過去從來不曾過去，曾經也還不是曾經。

即使婚後住在不同縣市，但只要有空，她都會盡可能回家看看父母，至少一個月一次，這是她的孝心。

可是父母一提到家產分配，從來就沒有顧及她的心情，也再次揭開她心底的瘡疤，掀起她心底的驚濤駭浪。

她總想去證明，原來父母也有愛自己，就算過去不是，至少現在是；就算過去不夠愛，現在也該愛回來了。

但是要如何證明？她時常在心中吶喊。即使不是父母心中的第一，但你們能不能至少愛得公平？

連帶的，她跟弟弟們的關係，也不時充滿著矛盾。

只要不涉及父母，姊弟碰面能彼此關心，也能互相幫助。但只要連結上父母，父母話語裡的態度，都一再透露出，事有輕重緩急，而她永遠都是父母心中的輕與緩，愛與重視從來都感受不出來，哪怕弟弟們對她這位大姊還算可以，她也很難不去比較和計較。

她的心中總是有塵埃。

她們心中縱有萬般委屈，多半也只能認命，接受父母的安排，壓抑及委屈自己

我們都希望自己是別人生命裡的主角，不是配角而已；是主線劇情，不是支線而已。

作為子女，我們多麼希望在父母眼中，自己出色、優異，甚至在手足之間，也會明著

爭風吃醋，甚至暗中較勁，爭奪父母更多的稱讚及關心，所以更遑論父母在對待態度及行為表現上就有明顯差距，並且在資源有限下，優先被犧牲的女兒的心理。

她們心中縱有萬般委屈，多半也只能認命，接受父母的安排，壓抑及委屈自己；所有資源，無論是可見的金錢、物質，或者無形的關心、自由及選擇權，都集中在男性身上。

所有的一切都是用來成就異性手足，也就是身為男子的哥哥或弟弟。

臨床心理師的處方箋

50 從被愛到自愛，從自愛到自在

我們自己就是父母的再版。父母也可能有著屬於他們自己的課題，未解，甚至無解的成長經驗，或不被愛的遺憾。

進一步思考，也是退一步思考。祖父母多半已經往生，父母還能向誰討去呢？而我們想要繼續討愛，其實是緣木求魚，就如同，向沒有錢的人借貸，向沒有的人要東西，然而這只會讓自己反覆碰撞，反覆重創。

理解過去及現在做不到的他們。**從渴望來自父母的愛，變成來自於自己的愛。你有能力愛自己**，你了解生命裡面有明有暗，有黑有灰，也有白。

生命的圓滿不是來自於沒有缺憾，而是你知道缺憾存在，但是你已經長出跟它共存的能力，並且開始，能夠自在。

51 夠好的自己，對自己和別人柔軟

老子曾說「剛強易折」，向人討愛是剛硬，也是銳利，而拚命提升自己，力求盡善盡美，其實也是剛硬。

我們時常聽到有人說，要成為更好的自己。靜下心來檢視，所謂更好的自己，是不是也代表了「現在」不夠好的自己？

對於有些人來說，**這其實是懷疑自己，也是內在匱乏及自信不足的變形**，只是它用了看起來相當激勵、光明、正向，並且是社會稱許的形式。

能夠對自己和別人柔軟，才能看見每個人都有自己的困難，才不會卯起來衝刺，但是很快就內耗完；才不會一直希望別人來證明，自己曾經被愛，還有值得被愛。

此外，當我們看見足夠好的自己，才會有正向情緒，才能夠自我肯定，來安頓我們不

定時發作，那股懷疑自己的焦慮及不確定感。

長出愛自己的能力，把自己愛回來，才不會如同水上浮萍，也才能自在及穩定。被虧待的空缺，刻在心底的遺憾，正是留給我們去填補的空間，但這也會讓我們看見自己，原來一直有著不曾認識，但始終存在的生命韌性。

輯四

職場裡的人際剝削：

當你拒絕被剝削，
卻被貼上愛計較的標籤

單身的她，永遠都是主管心中上火線的第一人選

麻痺不是真麻痺，習慣不是真習慣。
認識自己的內在狀態，從來都不簡單。

認識自己的內在狀態，辨識關係裡的障礙，承認對於他人的矛盾與糾結，遠遠比你所意識到的，還要隱微，還要困難。

你說話時的眼神是怨懟，還是光采，旁人都感受得到，也都看得出來。那些欲言又止，那些意在言外，我們要學習辨識，並且把它認回來。

「職場剝削？早就麻痺了啦！」

她一邊蓋上檔案夾，一邊回應我。

她嘴裡說的剝削者，正是她的老闆。

每逢公司需要加班或派人出差，身為單身一族的她，永遠都是主管心中上火線的第一人選。

全公司無人不知，無人不曉。她沒有兒女，沒有家庭要顧，相較於已婚，還有子女的諸位同事們，派她出差沒有後顧之憂。

彷彿她是天生孤家寡人，連個原生家庭都沒有。

「可是你明明不想去這麼遠的地方，鳥不生蛋的，還要待上至少一整年。」

我聽她說這一外派出去，要處理原本的租賃合約，還有各種會籍，都要去辦理延長或暫停。

到了當地，語言也是一大問題，更別說水土不服。據說當地的自來水煮沸過，仍有怪味，所以連飲水都要另外買。

光想到這些，我都覺得是要進入抗戰時期。

「算了！不然還能怎樣？習慣了啦！我單身多久，就被犧牲多久啊！主管第一個就找我進他辦公室談，我能說出什麼好理由？說命運著實太巧，我昨晚聯誼遇到了未來老公？明天就要去戶政事務所登記？後天宴客？別說笑了！繼續扯下去，遲早會穿幫！我不如認了。」

耳邊的廣播正巧傳來了〈大齡女子〉的旋律，這背景音樂一下，單身族群的職場剝削故事，劇本加上配樂，搭配得正剛好。

若是過度，並且長期使用「情緒隔離」，可能出現身心症狀反應

麻痺、習慣、沒事是一種情緒隔離（isolation）機制，嘴裡說出的這些用詞，都在提醒你，不是真的沒事，你只是啟動了心理防衛機制，暫時保護自己，以避免更強烈的情緒，覆蓋過理智。

淡化心中的不愉快，壓抑可能激升的怒火及怨氣，不至於立刻跟人對沖，翻臉拍桌，即刻走人。

情緒隔離的核心成分是「消極」，久而久之，就會是態度被動，覺得無能為力。認為一切際遇、安排與造化都是聽天由命。

人類的心理防衛機制幾乎是時時刻刻都在運作，種類繁多。有些幼稚，有些成熟，使用程度也會視情況而有所不同。

若適度使用，能緩和情緒，避免內在的衝動付諸行動（acting out），導致因小失大及得不償失，例如無謂的人際爭執、摩擦及激烈衝突，甚至是傷害他人及自己。

但若是過度，並且長期使用，就可能使得問題依舊，導致出現身心症狀反應：對於未來感到悲觀，感覺沒有希望，無能為力感，自我效能感低落，最後演變成僵化，並且固著的行為反應模式。

無論是心理工作，還是日常親友的對談，時常都會聽到個案、家人或朋友使用麻痺及習慣，來形容他們在人際關係裡所面臨到的困難。

在抽絲剝繭，並且向內梳理下來後，都是消極與悲觀。困獸尚有最後的掙扎與拚搏，然而他們卻是完全認栽。

當消極的時候，我們需要的是休息，而且是能「不帶自責」地休息

承認困難，它可以是面對問題的第一步，但也可能是萬念俱灰，就此消極地放手一攤，將問題留在原地，持續運轉。

差別就在於，如何認識自己的內在狀態，並依據此認識，進行後續的態度、思維及策略的反轉。

我們都會有消極的時候，我們不可能永遠上緊發條：隨時有著最齊全的準備，隨時都保持在最好的狀態，所以要觀察自己的狀態，何時太緊？何時太鬆？別讓彈性疲乏，也不

要綳到極限，再多一些就斷。

當消極的時候，我們需要的是暫停，需要的是休息，而且是能「不帶自責」地休息。很多時候，我們其實不敢停下來，因為停下來就等於輸了，因為休息就等於宣告人生大落後了。

可是**維持表象，內在空轉的結果就是越來越麻痺，也就是「感覺鈍化」**，但是痛苦依舊在，困難也會不定時重來，也更是接觸不到自己內在的真實狀態，這些也會同步削減你的因應能力，以及固化你面對困境時的消極慣性。

臨床心理師的處方箋

52 認識內在狀態的可能指標：眼神、語言及所有外顯的行為線索

你有多久沒有好好觀察過鏡子中的自己？或者照片中的你的神韻？進行心理工作時，我很重視非語言的訊息，我將它用來作為評估及了解個案的參考工具之一。

語言可能有偽裝，所以更是要結合非語言的線索，來了解一個人的狀態及問題，以及

造成問題及困擾的可能原因及困難。

同理可證，如果我們想要認識自己的內在狀態，就不能夠只停留在認知層次，披著理性外皮的對話，也就是語言。

什麼意思呢？我時常看到個案明明內外煎熬，氣色有如槁木死灰，但仍緊守著僵化的思維，反覆使用有害的行為模式，難以鬆動及打破。

旁人看來，叫做固執；即使烏飛兔走，時光飛逝，都來到下一個世紀，固執的人還是捍衛著那些不合時宜，也讓自己身心俱疲的信念。

這也就是為什麼，**剛硬的理智有時反而才是更大的盲點**，因為沒有柔軟的感性作為表裡如一、內外一致的支撐。

53 更深層的期盼，你看見了沒有

你更加渴望，難以言喻或者不便明說的，是身邊沒有伴的落寞，長久的失落。這個心境在三十多歲的女性族群當中，相當常見。

這一代的我們很幸運，學業有成，有份工作及薪水讓自己生活無虞。想旅行，就可以來一趟小旅行；想進修，就可以去進修與學習，無論是專業領域，還是休閒興趣。

我們有很多很多選擇，網路上也有琳琅滿目的新鮮事，讓我們分散注意力，不用去聚焦「你渴望有人陪」，但遲遲沒有下落的內在需求。我們看起來很瀟灑、很自由，但是被喜歡的人關心、問候與陪伴，在對方眼中獨一無二的需求，卻彷彿是被老天遺忘了。

其實你想要的很簡單，就是忙碌一天後回到家中，有人陪你吃晚餐，有人跟你聊聊今天怎麼了，哪件事真有趣，哪個人很機車……

勇敢面對深層的期盼，多認識新朋友：別讓工作與忙碌，成為拓展人際關係的障礙與理由。我們都期待轉角遇到愛，良緣天注定，但其實，**讓你的人際關係活絡，才是必須，也是最關鍵的第一步**。

工作的意義、價值與願景：人生都有必須妥協的時候，職場當然也是其中之一。對你來說，工作是為了什麼？到底又帶來什麼？純粹只是餬口飯吃的薪水？還是它符合你的天賦，做來得心應手？還是它激發你的熱情，讓你不覺時光飛逝，感受到自己的價值與生命的意義，甚至你還有著崇高理想的願景？**這些都需要我們向內探索，把它找出來，並且要持續尋找，因為每個階段，你的體會及渴望都會不一樣**。

你才會知道，為誰辛苦，為誰忙；而這些辛苦與忙碌，不是徒勞，不是百分之百的犧牲打，而是你真心所想。因為它的背後，有著你想要的寶藏。

54 讓我們看見這些矛盾與不一致，進行「整合」及「調整」

當我們能夠看到自己的兩相矛盾，言行都在背道而馳，就像是我們手裡拿著利刃，心裡想的卻是要追求圓滿；我們渴望靠近對方，但嘴裡吐露的，行為表現的，卻是讓關係更加雪上加霜，在對方的心中劃下一道又一道的傷。難受、難過的不只是對方，還有我們自己。

堅持錯了方向，就看不到自己是在徒勞及瞎忙。

把這些前後矛盾、內外不一致的訊息整合起來，才能擁有完整的視野，才能調整出真正有用的作為，這是真正能夠在關係裡雙贏，你好，我也好的策略。

認識自己的內在狀態，雖然從不簡單，因為它是一關又一關，但別讓「現有」的認識，侷限了你對自我的持續探索，還有更深入了解，這才能讓我們不在消極裡止步與打轉，而是看見你有源源不絕未知的潛能，並且用來反轉。

職場裡，有些小事你「順便」久了，卻變成「理所當然」?!

維護自己的尊嚴，何須不好意思？
尊重需要重新學習。

「幫我買杯拿鐵，去奶泡、三顆糖，不要太燙。」

就算只是順便，但是每個同事都這樣順便下來，讓你在走回辦公室的路上，從一杯拿鐵變成了十五杯，還各有各的偏好和風味。

「幫我領四個A4文件夾、三個修正帶、五個L夾。還有，聽說你女朋友給你戴綠帽了，是吧？」

即使她後面刻意壓低了音量，但還是讓聽在耳裡的他，心裡完全不是滋味。

辦公室有著數不完，但是看得見的待辦事項，以及如影隨形，卻又看不見的工作壓力，當然更永遠少不了，就是人與人之間的緋聞及八卦。

順手之勞的小事，當然可以幫。但你會發現，有些小事你越是幫，就會讓自己越忙，久而久之，還變得順理成章。

哪天你的自尊覺醒了，你的自我茁壯了，你開口拒絕了，卻會被貼上愛計較、小家子氣、不識好歹，還有百口莫辯的下場。

人際剝削，你必須防微杜漸

你所耳熟能詳的「防微杜漸」這句成語，其典故是出自於《後漢書・丁鴻傳》。理想上，是指防止壞事的萌芽，杜絕麻煩的開端，但現實上，我們無法未卜先知，料事如神，所以務實的做法會是，當開始出現不好的徵兆與跡象時，就要盡早面對，並且處理。

因為**人都有習性，而習性就是從細微的開端，日積月累而形成**。所以虧人虧久了，就成了習慣；標籤貼上了，就撕不乾淨了。那些聽起來不順耳的口頭禪，甚至語助詞，見到面，如果不來上這麼一段，似乎就哪裡不對勁，不怎麼習慣。

可是，為什麼都是他在講，你默默在聽？為什麼都是她在說，你在忍受及委屈？

尊重別人，是後天修練，才能得來的。奚落別人，是先天內建，不學就自來。為什麼？

因為人們都需要優越感，而優越感是比較得來的。他低，我就高。所以開別人玩笑，對旁人吐槽，骨子裡就是一種先發制人，以及勝過對方的感覺在作祟。

至於那些令人尊敬及仰望的對象呢？他們都是跟過去的自己比較，沒有奚落別人的心眼，更沒有貶抑他人，哄抬自己的必要。

有些人習慣吐槽別人，也有些人，習慣被吐槽

只要願意抽絲剝繭，還有往內進一步爬梳自己的感受細節，你會發現，習慣被吐槽的人絕不是欣然接受的，而是迫於無奈，或者已經木已成舟，難以調整或開口說不。

但諷刺的是，當一個人想要去捍衛自己的權利時，還會被酸小家子氣。當他想要撕掉這些名為詼諧，實則貶抑的標籤時，還會被虧心眼小，為了這麼丁點小事斤斤計較。

對於那些習慣吐槽別人的人，他若喜歡，稱呼他便是。他若不要緊，接下來讓他代替。但是你知道的，吐槽這種事，沒人希望被吐的是自己。

臨床心理師的處方箋

關於尊重，我們都需要重新學習。

55 尊重自己，是一種習慣

我們的所作所為，本質上到底有沒有尊重自己？在合理的範圍內，完成你想要完成的事。**即使是好事，我們也可能苛求，過分要求自己**。例如很常見的，為了目標而持續熬夜，預支了健康；為了照顧家人而過度付出，透支了心力。

再良善的目的，再好的出發點，如果本質上沒有照料及尊重自己，一切都是本末倒置，過猶不及。

56 尊重別人，是一種需要自我約束及提醒的好習慣

對於自己的一言一行，能夠透過後設認知（metacognition）自行監控，不要得了便宜還賣乖。彷彿你站在高處，看著你自己這個人的所有表現。

別人對我們客氣有禮，其實是出於對方的修養及善意，我們應該要有正確的理解。也因此，我們回應對方的敦厚及友善時，也會是不卑不亢，舉止得宜。

看到別人有些傻氣的行徑，也許是出於不適應，也許是出於不熟悉，我們能力若可及，去幫忙化解危機，或是引導循序漸進；而不是見縫插針，落井下石，把他當成取笑的話題，還自以為高明得緊。

57 被人尊重，更是一種需要高度意識及自我警惕的終身習慣

華人社會強調以和為貴，所以有時被人貶損了，被當成玩笑戲謔的對象了，即使心裡不是這麼舒坦，多半也不好意思立刻糾正、當場表態，就怕被人當成小家子氣，貼上沒度量的標籤。

但是真正的大器，是這樣嗎？寬宏的度量，會是這樣嗎？更何況度量是用來要求自己，並不是用來要求別人的。如同溫良恭儉讓的美德，需要因時制宜，需要因人調整。

面對君子，自然以禮待之；面對無禮之人，當然以理回之。有道理的你，態度是不卑不亢，行為也是有規有矩。**維護自己的尊嚴，何須不好意思**。

人性往往是欺善怕惡，恃強凌弱。如果對方真心認為自己的幽默無傷大雅，那怎麼不

見他的玩笑話拿主管當主角？怎麼不見他用自己開玩笑？

常言道，最高明的幽默是自嘲，想要博得滿堂歡笑、緩和氣氛，或製造輕鬆氛圍，永遠有更好的方式，永遠有更高明的調整，犯不著拿你當箭靶，用你來開刀，而滋味何須是奚落或嘲諷？**可以用溫暖、詼諧作為調味料**。

我們都希望活得好，所以良性互動的人際關係，更是不能少。我們可以學習接受他人批評與指教，因為這是雅量，也是持續修練的涵養，但是無理的使喚，無禮的吐槽，不僅沒有必要，久而久之，也會讓人際關係的互動模式僵化，並且讓情緒陷入低潮。

人生在世，活著的每分每秒，都離不開人際關係。無論有沒有血緣關係，無論親疏遠近。

尊重、平等的對待，讓我們更有價值感。不僅如此，我們也希望結識的人群，置身的環境，也足夠優質，值得我們欣賞及學習。

「幫個忙又沒什麼，同事間有什麼好計較?!」我們為何無法拒絕別人的要求？

懂得拒絕，並不是壞人，反而是真正明理的好人。
自尊，我們都需要了解，並且修訂更好的版本。

「幫個忙又沒什麼，同事之間有什麼好計較的?!」

她啃著從早上放到傍晚的第一口飯糰，表情悶悶地聽著隔壁桌的同事隨手遞上一疊厚厚的文件，要她「順手」幫個忙。

「再生、再生，女人就是要生小孩才完整。三個怎麼會多，四個才是恰恰好！」

她望著自己兵荒馬亂的育兒生活，身材早就走鐘不回頭，婆婆總是不定時來電勸說，只是這些話，婆婆從來不會對她兒子說。

她只能默默地聽著，內心卻滿到像快要爆炸的壓力鍋。

對於別人的要求，我們總是不好意思；對於別人的期盼，我們總是不負所託。如果要求很客氣，如果期盼正巧也如你所願，那就是皆大歡喜，天下太平。然而，現實往往不是如此。

堅守界限，可能會不被喜歡；明白拒絕，可能將招致討厭

為什麼與人相處，如此為難？讓我們更進一步向內探索、捫心自問，為什麼拒絕非己所願的要求和期盼，會這麼困難呢？

自尊（self-esteem）是一個心理學上常見的名詞，但也是相當複雜的結構。它有各式各樣的研究，定義也五花八門，有人通稱為自我肯定，也就是對於自己及能力的喜愛程度，也有人認為是對於自我的主觀評價及感受，所以涉及了自我概念、自我形象、自我價值感、自我滿意度、自我接納度……總之，在心理相關領域裡，許多概念及心理困擾都與它有關，是個大雜燴，也是個嘉年華。

或許你已看得頭昏眼花，其實後續還有更多研究及延伸，不過，整合了各家說法，大抵就是**「自我價值、自我能力以及自我接納」構成了自尊的基本內涵**。

我們總是根據外在回饋、親身經驗來調整對於自己的評價及認知，並由此而生相對應

人際剝削

的感受及影響，所以，當你所處的環境裡，人際關係及互動，都是過度要求、詆毀、批評、指責居多時，哪怕要求不合理，批評內容與實情不符，我們都很難不動搖，甚至可能不自覺地內化，信以為真，甚至全盤接收。

如果你時常處於人際剝削的關係裡，會讓你的自尊逐步削減，變得順從，變得卑微，變得不健全。

尤其外在回饋是片面的，親身經驗是有限的，再加上自尊是動態的，它可以是因，也可以是果，也可以說是「互為因果」，隨著個人內在成長及外在環境持續地變化，所以自我價值可能高估，也可能低估；自我能力可以退步，也可以進步；自我接納可以過分嚴苛，也可以適度寬容。

所以在從小到大的成長過程中，最親近的家人，尤其是主要照顧者，應該要給予孩子不偏離事實，並且中肯的回饋，才能協助孩子成長，有效地學習，客觀地判斷，進而擁有健康的自尊。

這樣長大的人，能夠彈性地調整，**不會過度仰賴外在因素，作為判斷自己的標準**，像是別人的回應及對待：討好、過譽或批評、指責；**也不會過度仰賴內在，作為評價自己的依據**，像是無效的信念或極端的感受：我必須成功、我必須完美或自我感覺過分良好、自我價值感過分低落。

擁有健康自尊的人生版本

我們可以從外顯行為來看，也可以從內在狀態來檢視。外顯行為是指一個人怎麼去與外在環境互動，最明顯可見的，就是人際關係當中的行為表現，例如能不能主動和別人建立關係，能不能表達自己內心真正的想法及感受，有需要或遭逢困難時，能夠尋求協助，遇到或大或小，或隱微或顯著的人際剝削情形時，能夠辨識，並且清楚拒絕，那些無禮，也無理的要求。

內在狀態，則是指即使不被喜愛，或者遭到拒絕，也能夠接納自己，不會因此輕易動搖或削減自我價值感，覺得自己很沒用，覺得自己很糟糕。

臨床心理師的處方箋

58 客觀，就是你的另外一雙眼

「我們都活在主觀的世界。」自從在心理學研究所時期聽到這句話，就列入我的人生座右銘之一，時時用來自我提醒。

我們可以持續學習精進，藉此加強自己的能力，進而提升自我價值感，然而若無法客觀判斷，也只是沒有盡頭地盲目衝刺，但是仍舊自我價值低落。

既然我們如此主觀，那麼又該如何客觀呢？

觀察你所認同的模範，學習用他們的眼睛，拆解你眼前的考驗及困難。他們都是如何回應外在的要求？他們都是如何面對別人的期待？你可以從他們所寫的文章，分享的生活點滴，或者是在公眾場合上的舉止表現，作為參照的標準。

然而，即使你找到了心中的最佳模範，請記得要多方觀察，並且持續比對。好的範本永遠不嫌多，為了你的人生，讓客觀雪亮我們的雙眼。

59 自我接納，就是你的一生作業

我們很怕不被喜愛，我們也容易畫地自限，覺得很多事情不可能。

在人際關係裡，若心有委屈及怨懟，時常可見以下的反應：不要說好了，會被打槍；忍過這次就好，事過境遷就會沒事了，所以我們不敢拒絕，不敢明言自己目前忙不過來，這個小忙，我愛莫能助；不敢表態其實不想生，或者不想再生，我有我的規劃及想法。

懂得拒絕，並不是壞人，反而是真正明理的好人。因為你做出了適合自己能力，符合自己意願的選擇，所以**不會在其實很快到來的以後，覺得別人應該為自己的犧牲負責**。

更重要的是，你尊重自己的判斷，接納自己的選擇，以及選擇後的結果。

你對得起自己的人生，你的生命正是因此而獨特。

被人喜愛、受人歡迎的感覺很棒，但其實我們並不需要人見人愛。**我們真正該做到的，是能夠在合理的範圍內喜歡自己，也就是學習自我接納，這才是自尊的根本**。

它不是要你過度的自我感覺良好，而是不隨外在評價忽上忽下，輕易就改變我們對於自我的評價，然後在人際情境中，不自覺地委屈或討好。

自我接納需要持續鍛鍊，也許我們暫時沒有被討厭的勇氣，但至少我們可以從喜歡自己，接納自己做起，它就是屬於我們的一生作業。

為什麼一個熱情的老師會被家長、學生，以權威來剝削？

被凌駕的尊嚴，自信日益削減。
我們都需要重新認識自信，用一生來建立。

她的臉色有些鐵青，表情有些僵硬，原本是在描述學生的行為問題及狀況，但是說著說著，最後眼眶泛紅，臉頰脹得鼓鼓的。

她的情緒越來越激動，像是隱忍了許久就要爆發。

「你願意告訴我究竟是怎麼回事嗎？」

雖然離題，但我想，是該傾聽及好好關心學校教育第一線的工作者，作為老師卻難以對外人道的心事。

「學生午休不睡，一直發出音量不小的噪音，干擾其他午休的同學。我提醒學生，但卻被回以三字經，因此我罰他寫『我再也不說髒話』一百遍。學生回家後告訴家長，家長反而氣沖沖地來學校興師問罪，接著斥責我們說，『罰寫有用嗎？罰寫之後，孩子就不會再犯嗎？』」

她的眼淚不停奔流，內心積壓的委屈，隨著淚水一串串地滑落。

「因為這樣，上個禮拜天，我們三位老師親自登門道歉。因為家長不接受老師的處置。」

她總算說出了難言之隱。

「我真的很無力，甚至覺得羞辱。我能怎麼辦？我還能怎麼教？」

她深深覺得自己裡外不是人，為人師表的尊嚴掃地，蕩然無存，甚至對於教育，那些理念，那些信心。她開始懷疑起自己。

可能是因為學生家長的社經地位及特殊身分，學校為了大事化小，小事化無，只好讓老師登門道歉，了事優先。

被校方剝削，被家長剝削，甚至回到了最底，其實是被學生剝削。

現代教育有著種種困境，然而其中之一就是有些學生擺出一副不買帳，你能奈我何的氣焰。

「你處罰啊！我錄影。」「你責備啊！我錄音。」所以，教師難為，今非昔比，不可同日而語。

當然並非每位家長都這樣，但只要少數極端案例，就足以讓滿滿教學熱忱及熱血的老師們消沉、無力、質疑自我，甚至崩潰。

其實明理，亦有禮的家長並不少，不能以偏概全。但是身在職場多年的你、我都知道，有些潛規則，無法不遵守。

講理不是王道，它是不明就理，它要你忍一時之氣，換剝削者消氣。你的心酸和委屈，他們不是太在意。

當自信日益削減，讓我們回過頭來檢視，自信究竟是什麼。

自信來自於清楚而深刻的「自知之明」，對於自我具有的能力與價值，擁有「強烈的意識」

多數人對於自我的認識都是模糊不明，甚至可以說，終其一生，都在摸石頭過河，且戰且走，甚至有些人是徹底閉上了解自我、挖掘自我及探索自我的眼睛。

每個人都需要長年累月的經驗，不僅經驗的量要足夠多，還得包含正向及負向經驗，才能夠交叉驗證，進而修正認知，一次又一次調整。

接著，對於自己所具備的能力與價值，才能有「相對」的了解。

自信與自大，必須區辨

自大是來自於誤解，誤以為自己夠強、夠好，甚至連自己根本沒有的能力與價值，也會自以為真，還能夠夸夸其談，所以在了解自信的同時，我們也必須對於自信與自大，有清楚的區辨。

不再以訛傳訛地以為，自信與自大只是一線之隔，或者自信過了頭就是自大，其實這兩者在本質上並不相同。

這個重要性，不僅用來了解自己，在學校教育更是。我們都希望能讓孩子培養出自信，用來面對人生的各種困境，用來因應生命的重重考驗及壓力。

以權威、強勢、語言暴力，乃至於肢體暴力服人，是不是自信？當然不是，就如同有人說，自信就是相信自己，然而這只有對了一半，那必須立基於對自我有「正確」的認識，也可以說是前提。

如果不夠了解自己，還錯誤地相信自己，那就會長成自大的樣子。

這就好比：「聽我的就對了，我就是這樣過來的。」「不知道，總之有很多人。」「當然要這樣，很多人都是這樣子。」但是當你進一步檢視這些話語的背後邏輯，不僅顛三倒四，也毫無具體、清楚、確實及有效的根據，但是他們卻堅信不疑，還要進一步說服你、指導你，甚至要求你聽命。

人際剝削

自信，是一生的禮物；自大，卻是一生的絆腳石

此外，即便對於自己的能力與價值有部分了解，但是若這份了解的意識不夠強烈，往往還是容易動搖，自信仍是無法堅實而肯定。

我們時常看到，即使同事、同學及朋友都肯定你的表現優異，你的努力值得掌聲鼓勵，但若是親近的人一句話、一句批評，卻能輕易地讓你崩盤，一瀉千里，讓你又開始懷疑自己。

是的，**建立很難，摧毀容易，這也是自信。**

臨床心理師的處方箋

60 自信需要用一生來建立：時時澆灌，給予滋養，並定時檢視

每個人都一樣，無論是我在臨床心理工作上所遇到的案例，當然，包含我自己也是。**我們都在生活中的每一刻，不同的人際關係及工作任務當中，學習著認識自己。**

別人會給予我們回饋，無論是當面指教，還是非語言的好惡表現，例如眼神、表情、後續態度及行為表現，再搭配我們的自省。

對於自我能有清楚並且深刻的了解，你才能肯定目前擁有的能力及價值，而這一份肯定及踏實感，也能進一步去保護你渴望擁有，但目前還沒有的部分，因為這可能是你的軟肋，你可能因此心慌失措。

換言之，你清楚知道，你自己身上這些很棒的部分，你不是什麼都沒有，你更不是兩手空空。

有了真實的自信，才不會輕易自我懷疑；有了堅實的自信，即使狂風暴雨來襲，受挫之後，再次修復及檢視，假以時日，你還是能繼續站高、站直。

61 持續精進能力之餘，也要回過頭來「擁抱」自己，因為這才會是完整的你

進步很好，提升能力，當然也很棒，但也別忘了給自己適度的柔軟。

累了的時候，你可以休息，你可以暫停，你不需要時時衝刺。

我相信自信是圓融，而不是銳利的，它是用來協助你，不管正處在高峰，還是低谷，同時也能跨越人生當中許多無謂的輸贏。

「你怎麼會寫出這樣的文案！這你看一下。」不請自來的建議，多半在破壞關係

約束心志，才能好好相處。
改善關係，閉嘴就是第一步。

不該說的話，說了多少呢？想必有很多。
不該給建議，也給了很多。**因為優越感作祟，不自覺，也不自控。**

好為人師，就是警訊

我們都有感於成長過程中，父母及長輩們「我是為你好」的殺傷力。然而離開了親子關係，伴侶關係、朋友關係、同學及同儕關係裡，也有**許多好為人師者**，總喜歡給人提醒、

忠告及建議，有不少，**也是「為你好」的變形**。

不請自來的忠告與建議，多半是在破壞關係

這些「好為人師」的人，無論親疏遠近，他們總喜歡對別人的生活發表意見，對別人的表現及想法，給予回饋及指點。他們覺得自己很好心，覺得自己有責任，覺得此話不說，更待何時。

偏偏這樣的行為，非常顧人怨，相當惹人生厭。為什麼呢？因為說白了，就是看扁別人。

他們的內在都有著自以為是，翻譯出來就是「我比你懂」、「我比你成熟」、「我吃的鹽比你吃過的米多」，所以我有資格來對你說些什麼，教會你什麼。

很多時候，被建議的人基於禮貌，礙於場面及關係，不便多說什麼，但其實心底多半不舒適，甚至是不高興，因為沒有人喜歡被貶低，被視為沒能力。

更甚者，好為人師者對你而言，毫無說服力及公信力。你若需要意見及指導，你心中自有尊敬的老師，早有渴望請教的名單。而主動給建議、好為人師的人，在你心中，說穿了，只是路人乙，給的建議在你心中不具參考價值，還親自上門來踢館。關係真是破壞到

了底。

不請自來的好意，不請自來的忠告、建議與提醒，給人的感受不是來刷存在感，就是來找碴。自己跑來發表高見，自說自話，還怕你沒發現，特地 tag 你去回應他，真是笑掉了別人大牙。

「你對時事的敏感度實在很低！怎麼會寫出這樣的文案！別人的寫法，你看看。」

「你身上的香水真該換換！味道很嗆鼻，感覺有些俗氣啊！這牌子，給你參考。」

留言的最後，都標注了你，還有你的名字。

那些愛給建議及忠告的人，還時常說「自己其實不願意」

「我在教我姪子啦！如果不是他叔叔，我才不會說這些。要不要聽，要不要改，隨便他啦，反正我得跟他講。」

這其實很矛盾。沒有人拜託他們教，也沒有人表示很想聽。他們主動給出建議，覺得自己很用心，不僅費心，也費力。

我們可以試著想想，這些人是不是在生活當中，很少人聽他講，很少人讓他教，他沒有舞台可以發揮及獲得關注？**他們需要從這些行為當中，被人關注、被人肯定、被人感激，**

進而證明及獲得自我價值感。然而，他們的期待與結果，卻是事與願違。

如果給建議這麼有用，而且好用，那麼大多數的人生都會很順利，那麼大多數的關係都能相安無事。

以為是建議，給予前不曾體察的心眼，**其實多半是我高你低的表現**。

以為是玩笑，出口前不經琢磨的字眼，**其實多半是自我中心的彰顯**。

而這些，都是在磨損人與人之間的關係，也都在透支現有的幸福。

關係裡的質感，來自於平等對待，以及相互尊重

不是犯了大錯，關係才會結束，更常見的是，大錯不犯，但小錯不斷。很多不該說的話，都在日常生活中不斷破壞關係。給予自以為明智，但其實是看貶他人的提醒與建議。

尊重，就是你相信也肯定，你擁有思考及正確判斷的能力。

那麼，什麼時候才是關心對方，給建議的好時機呢？**除非對方主動請教，需要你的想法及建議，那才是「相對」的好時機**。

然而，這也只是「相對」，你還必須突破你心底的防衛及其他心理機轉的考驗。

臨床心理師的處方箋

62 沉默不只是金，在人際關係裡，適時及適度沉默，更是鑽石

關住嘴巴，閉緊雙唇，對於不少人而言，就是一門大學問。所以，才會有「禍從口出」四個字。因為，輕則惹人不悅，重則惹禍上身。

我們不妨捫心自問，不給對方建議，會有什麼立即的危害？或者不可逆的損失及傷害嗎？往往沒有。

事情多半並不急迫，並不需要我們雞婆；事情往往並不嚴重，並不需要我們指揮什麼。**適時及適度沉默，不僅給人尊重，更是給人空間**。讓對方擁有緩衝的時間，靜下心好好沉澱，能思考自己的狀態及回顧行為表現，也維護了他的尊嚴。

63 引導他看見自己還有更多選擇，以及，若是需要改變時，他內在早有的潛能

心理諮商時，不時有個案「主動」問我，希望我能給他們建議。

然而，多年心理工作經驗下來，我發現，即使是主動尋求建議的人，當他的內在狀態

還沒有經過梳理，也許是思緒一團亂，或者是情緒高漲，淹沒了所有理智時，他所渴望的建議，其實是有人認同他的意見，有人贊同他的判斷，有人背書他們心中目前的答案。一旦你的思考與他們不一致時，就會觸碰到防衛與抵抗。

必須等到他們軟化防備，情緒平穩時，才能夠聽得進去，也就是「理解、接收以及整合所有訊息」。

我們能幫助的，不是指出一條路，說這個對，說那個不對，而是帶著他看見還有更多的可能，而所有的可能，就是「選擇」。

同時，如果需要改變，也想要改變，那麼人人內在都蘊藏潛能，人人都擁有改變困境的能力，並不像自己原本以為的無能為力，所以無須棄械投降，畫地自限。

我們都不想在相同的地方跌倒。可往往要摔個一百次，才看到自己一再重複；還要重複到足夠痛楚，才願意學著自我約束。約束自己的嘴，管好自己的行為。

但願我們都在過去的經驗學到了，也在過去的關係中成長了。

約束心志，才能好好相處；好好相處，才有關係裡的幸福。

輯五

愛情裡的人際剝削：

不斷退讓，
對方不會感激，
只會吞噬我們的自尊

別人都覺得你該離開的糟糕對象，為什麼你一直覺得還好？

為何關係中，吃虧的總是我？
「定錨效應」無所不在，請務必清醒的活著。

「你還記得那位學姊嗎？短髮及肩，總是背著貓咪帆布袋來上課，長相秀氣、可愛的那一位？」

我們相約在松江路上的咖啡店。畢業後多年不見的我們，聊起了彼此近況，還有更新了共同朋友的現況。

「記得啊！她人很好，雖然不算很熟，只有在系上選修才會遇到，但我記得她很照顧學弟妹，都會大方地把筆記借給我們這種玩社團玩到凌晨，無魂有體親像稻草人，接著上課的學弟妹呢！」

想起了親切的學姊，我的嘴角不自覺地漾起了淺淺微笑。

「她怎麼了嗎？」

突然被提起，感覺不太尋常。

「她跟她男朋友前陣子分手了，就是大學時期那一位，在一起都快十年了呢。據說他一直有動手打人的傾向。最誇張的一次，還曾經把學姊拖進洗手間，把她的頭整個壓進去盛滿水的水槽裡。」

同學一臉嚴肅，並且壓低音量地說著。

我聽了當場瞠目結舌，完全無法將這樣的畫面，與腦海中笑容可掬的學姊想像在一塊。

也許是因為發生在相識的朋友身上，讓我瞬間感到毛骨悚然，並且餘悸猶存，接著升起一股深沉的悲傷，也帶來更深層的省思。為什麼？

為什麼會形成這麼一個難以逆轉的長期負向循環？直到過了好久，我們都各自畢業，並且進入職場好多年，她才選擇了分手離開，終止這樣的關係呢？

這讓我想起一個被廣泛運用的心理學概念，定錨效應（Anchoring Effect）。定錨效應是認知偏差的一種類型，它在一九七三年，由丹尼爾・康納曼（Daniel Kahneman）和阿摩司・特沃斯基（Amos N. Tversky）所提出，意思是人們在進行判斷時，常常過分看重誇張的、驚人的或難忘的訊息，進而產生了過度偏離事實，甚至扭曲的認識。

一般人在進行判斷時，容易受到最早取得的資訊（也就是定錨點）的影響，簡單來說，就是**受第一印象或第一訊息支配**。

人們傾向於利用這片段，但其實不完整的資訊，快速做出決定，然後面對接下來的決定時，又會再以第一決定，也就是先前的決定作為基準點（也可以說是參照點），繼續逐步修正。

一路發展下來，就會出現和最初的狀況與客觀的事實有極大出入的情形。以旁觀者來看，就是當局者迷。

一開始小輸，後來輸得一塌糊塗

舉個例子，就像遇到恐怖情人一樣。

怎麼說呢？在交往過程中，兩人濃情蜜意固然美好，但若遇到意見不合、瀕臨分手時，對方痛哭流涕、揚言要傷害自己，拜託你再給他一次機會。

你心軟答應了，生活平靜下來。誇張的行徑或許暫時沒再出現，但是接下來，對方一下子情緒不穩、容易動怒，抑或是有時對你異常冷淡、愛理不理。

外人來看，你該離開，但因為相較於先前戲劇化的行為，你會被定錨，然後會覺得「也還好吧」。

畢竟比起跳樓或割腕，他現在也「只是」不理睬我，或者說話大聲了點，這應該沒事。還好，還好，不算嚴重。

然後，你掉以輕心。

在這個時候，**其實你心中對於關係品質、伴侶互動的定錨點已經不知不覺調整了，而且是「往下修正」**。

也就是把對方先前的激烈行為表現，作為參照點，而不是把兩人感情融洽、和平相處的狀態，作為基準。

情場贏不了，職場亦然

在職場上也是這樣，例如主管要你這陣子共體時艱，然後每天焚膏繼晷加班到凌晨兩點。在過了痛苦又漫長的八個月後，你總算能九點半下班，這對你來說，好像也沒有這麼變態（還是悲催）了。

但是come on，原本表定的六點整才是下班時間，距離九點半可是相差了三個半小時。

等你回到溫暖的家，追的劇都快演完了，然而此時相較於最初要凌晨兩點才能下班的慘況，你已不會覺得太過慘烈，因為心中的定錨點早已被調整及校準了，完全不知不覺。

心理調適機制裡，那些複雜的樣貌

人會透過各式各樣看不見的心理運作方式，讓自己適應外在環境的條件及要求，進而**維持心中的一致性及穩定感**。

就像離開舒適圈是不容易的，因為人類不喜歡改變，想要盡可能維持現狀，而維持現狀的前提，就是心中有個定錨點，讓你生活中所有大大小小的決策，都以此作為參考及比較的標準。

然而，當生活中有個突發狀況、意外事件，或者是特殊經驗，讓定錨點產生改變，就會進而讓你的決策模式及判斷標準在「不知不覺」中出現變化。

這些事情在生活中無所不在，不管是親疏遠近的各種人際關係，或是江湖走跳，職場生存，只要是牽涉到判斷及決策，定錨效應的作用都會存在。

臨床心理師的處方箋

64保持覺察，秉持懷疑精神

人生在世，平靜難得，我們無須分分秒秒都活得戰戰兢兢，然而保持覺察，對於生活的細節、人際關係中的你來我往能秉持著好奇心，也是一番樂趣。

你可以這麼想，既然任何事件或經驗都會形成定錨點，進而產生作用，發揮影響，那麼**「懷疑的精神」則是能幫助你、我防微杜漸，不會等到形勢已成了定局，要改變會相當費力（所以乾脆直接放棄）**，甚至是大勢已去時，才苦惱及懊悔不已。

65若對你造成困擾，請形成「問題意識」

生活中不是每件事都會造成困擾，但若是一開始就讓你感到不舒服、不開心、麻煩，甚至相當反感，那麼，請盡早形成「問題意識」。

這是什麼意思呢？也就是**不要輕易放過或抱持逃避心態，覺得船到橋頭自然直，得過且過。**

任何問題都是越早介入，成本越少；越早處理，效果越好。

我們不用當革命的英雄，無須為反而反，也不是腦袋關機般地活著，遇到事情龜縮，只想息事寧人的狗熊。

我們對於自己的想法有適度信心，但也要能保持覺知，懷疑自己的直覺及第一時間的判斷。

敞開自己的心胸，**盡量去接受新的訊息（即便與現有的認知、價值觀有衝突及相互違背），來擴充、協助自己進行決策的資料庫，並且在綜合各方面的訊息及配合環境脈絡下，修正自己的判斷**，才不會讓問題演變到最後，與最初的「錨」產生過大的偏差。

一如《資治通鑑》裡的魏徵說過，「兼聽則明，偏信則暗」，正是相同的道理。

「我跟他在一起一年多了，但他從不明說，我們的關係是什麼……」

幽暗愛情裡的那些委屈，關於那些讓你愛不下去的人。愛情裡的自我剝削，我們「其實」都有能力離開。

「可是，要分手嗎？」

她怯懦、小聲地說了這一句。

「你覺得呢？」

我聽著聽著，內心感觸良多，百感交集。

因為類似的故事不絕於耳，永遠還有下一個；而她類似的問句，也多半還有下一次。

「我跟他在一起已經一年多了，他對我也不錯，會傳簡訊關心我，有心事也會跟我說。

只是……只是從來沒有明說，我們的關係到底是什麼，還有從來沒有帶我去任何公開的聚會，或是他朋友在的場合。」
她繼續說明著，又像是在解釋著，但也更像在對自己催眠著。
「你有直接問過他嗎？」
我正色問道。
「嗯……有稍微提過，其實算是暗示，但他從不正面回應，我也不知道怎麼問下去。或者，該不該追問下去。」
她臉色苦惱地回答我。

害怕失去，所以話不敢說明；害怕孤單，所以投入了，就不想要放棄

這些三十多歲的都會女子都有著相同的惆悵，相同的喟嘆。
她們都異口同聲說著：「三十歲以後談的戀愛，都讓人好失望。」因為無法確定關係，永遠曖昧不明。
好多人都困在這樣的僵局裡。**解套的方法，也是唯一的方式，就是承認自己看走了眼，看清那些明擺在眼前的不合適。**
你和他對於未來的想法有明顯分歧，對於相處的方式、對於關係的定位及態度有著天壞之別的距離。你想要大大方方、正大光明，他只想要偷偷摸摸、地下戀曲。

還有，我們別忘了，時間才是最珍貴的成本。**不放棄，這段感情就會繼續腐蝕你的尊嚴、自信，還有一去不回頭的光陰**。

你知道嗎？這段愛情不會可歌，只會可泣。

但為什麼以前不會呢？學生時代的戀情，剛出社會時的愛情，兩個人在一起正大光明，手牽手，一起吃飯，一起看電影，有朋友聚會時，就帶對方出席，也介紹給彼此的親人及朋友認識。

哪有什麼半夜才約會，凌晨才見面，又不是見不得光的吸血鬼，光天化日之下會被毀滅，還是消散成一陣煙霧或灰燼。

又或者，自以為是在上演司馬遷《史記．淮陰侯列傳》裡的劉邦與項羽之戰？但是，既然沒有明修棧道，那麼，暗渡陳倉又是為了哪樁？

這些營養不良，也許有量卻沒有質的愛情，或他其實沒那麼喜歡你，他只是更在乎他自己……

有時，我不免覺得，現代空虛、寂寞的人們，許多人都有心理層面的議題，不過，這是學術派的好聽說法，而不好聽的常見說法，就是心理有問題。

而用愛情陪著他們復健的你，請小心，不要撩落去。

現代都會女子在愛情裡的「自我剝削」

德國的米夏埃爾・納斯特（Michael Nast）曾說，這是個無能維持關係，也就是愛無能的世代。然而在我看來，**這是一個連建立關係都有困難，內在極度匱乏的世代**。

我們普遍受到良好教育，物質豐足的程度遠勝過父母及祖輩，可是我們卻在建立親密關係上有著極大的困難，而有些人更是在同學、同儕、朋友……等橫向關係中，都有著明顯的疏離感。

心裡最真實的想法，最幽微的情緒，不是無話可講，而是無人可談。

下班後回到家，只有電視機、電腦、平板或手機，用著追不完的連續劇，餵養著空洞、空虛、寂寞無邊的靈魂。

又或者，沒有好想回去的家，所以沉浸在酒精及一場又一場的聚會裡。即使有想要見面的人，但卻不是能夠全然放心依靠的人。因為他可能同時有著另外一段關係，又或者你始終無法確定他到底是不是單身，還是身分證上配偶欄裡，早有另外一個名字。

所以算了吧。不要自討沒趣，不要自取其辱，不要開口問清楚彼此到底是什麼關係，不要直接問對方，他的未來到底是有你，沒有你。

曾幾何時，你們的愛情變得如此輕盈？不是因為備受珍惜、自由自在而輕盈，而是因為營養失衡，頭重而腳輕。

浮腫的臉龐，酸澀的眼眶，忐忑不安、悵然若失的心情，都是因為這些明明就愛著，卻又讓人愛不下去的人。

即使心中有人，但是寂寞仍舊如影隨形；即使有了親密關係，也有著遙遠的距離。

以上都是這個世代，這群都會女子的共同心事。

愛情裡的自我剝削，是我們「其實」有能力離開，無論是內在的心理能力，還是外在的經濟能力。

以外在的經濟能力來說，你並不需仰賴對方的經濟支援及協助，而論內在，是我們其實可以，但我們卻以為再也找不到下一個能夠讓內心停泊的港灣。

臨床心理師的處方箋

成長都是違反人性的，愛情裡的成長尤其是。關鍵在於，這段地下情，你要忍受到何時？你到底想要什麼樣品質的愛情關係？你一次又一次地說服自己，等於一次又一次踐踏愛情裡的自尊、自信，以及限制了你在關係裡的地位，擠壓了你能夠自由自在呼吸的空氣。

成長從來都不是舒適的，也就是你必須冒著可能失去這個人、失去這段關係的心理準備，即使他是你目前唯一的心理依靠，即使你孤單、寂寞時，暫時也只有他能找。

所以當你開口問清楚，有極大的可能結果，就是回到一個人，所以空虛、寂寞、孤單、一個人逛街、一個人吃飯、一個人看電影、看到蟑螂要自己鼓起勇氣驅離、半夜掛病號只能叫救護車自己去急診、有了任何突發狀況或大小困難、需要找人訴苦或求助時，除了找親朋好友解圍，就是只能靠自己。

66關於未來的心理建設——別讓下一個人等太久

如果你確定彼此不適合，遲早會分手，那麼，繼續苟延殘喘、繼續藕斷絲連，你就讓下一個人等了太久。

而且若你已徹底思考過，也確定選擇分手了，就別輕易回頭。

分手後的分分合合，甚至是聽起來不悅耳，並且充滿諷刺意味的分手砲，這些劇情，我們都聽過太多。

如果你渴望真誠的情感，踏實的關係，就應該放眼早已經在等著你的未來，而不是緊握著讓你尊嚴重傷、自信重創的上一段。

67盤點你的失去——那些信任感、希望感及自我價值感

因為不被珍惜及尊重的關係，你也會逐漸失去對於愛情、對於人性、對於關係的信任感，以及對於未來人生藍圖的希望感，當然，還有**被貶低的自我價值感**。

你會想，難道我就只值得這樣的對待？難道我是呼之即來，揮之即去，他想來就想來，他若是沒空，我就只能空閨寂寞，望穿秋水，等候他的到來嗎？

那些啃蝕著你的難堪，那些讓你說不出口的委屈，那些吞嚥不下的所有百感交集，都是珍貴的提醒。

讓我們不要一而再，再而三的陷入，以及沉溺在上不了岸的情海裡，所以請務必尊重自己，因為你值得被珍惜對待，還有優質的愛情。

被人喜愛、受人歡迎的感覺很棒，但其實我們並不需要人見人愛。

我們真正該做到的，是能夠在合理的範圍內喜歡自己，也就是學習自我接納，這才是自尊的根本。

它不是要你過度的自我感覺良好，而是不隨外在評價忽上忽下，輕易就改變我們對於自我的評價，然後在人際情境中，不自覺地委屈或討好。

「我談戀愛再也不掏心掏肺了……」

否認的背後，是他不曾修復的傷口。
認清它，不再被防衛機制所左右。

「我覺得這樣很好啊！人生得意須盡歡。從現在開始，我談戀愛就是今朝有酒今朝醉，我幹嘛主動掏心掏肺？常言道『男人不壞，女人不愛』嘛！」

剛結束婚姻，身分證上配偶欄位恢復空白，重回單身戀愛市場的他，說得一副瀟灑模樣，可真是讓同桌的其他已婚男士羨慕得不得了。

這群爸爸或人夫們，想著這廂坐沒多久，就要趕緊回家奶娃，當個稱職的奶爸，還有好老公，不像他可以流連酒吧，光明正大地跟妹調情，羨慕兩字不足以形容，也讓他的瀟灑不羈，被捧得飄飄然。

然而，就我看來，這天梯他是上去了，但實際上的他，是好想下凡，又下不來。

就在其他人陸陸續續離席之後，他對我說起了當初怎麼與前妻結束的經過。

果然是傷痕未癒，但是面對一票哥兒們，實在不好意思，也不願意揭露太多。

因為**這個社會從來不允許男人示弱**，而男人更不願意成為其他男人心中的弱者或LOSER，即便是稱兄道弟多年的同性好友。

故作不在意、當沒這回事、賭氣、說反話、唱反調……

讓自己呈現出雲淡風輕、瀟灑不羈，藉此來博取掌聲、羨慕的眼神、吸引注意力或者是逃避關心。你覺得幼稚嗎？其實這些情緒及行為反應，在人際關係裡相當常見。

當你打開電視機，或者只是偷聽隔壁桌交談，你都可以嗅到防衛的氣味，聽見防衛的用詞，這些都是**「防衛機制」**（defense mechanism）**的「日常」、「通俗版」、「接地氣」的變形**。

例如，相當常見的其中一種，就是「否認」（denial）。我們無意識地拒絕承認會造成我們不愉快、緊張、焦慮、羞憤、惱怒……情緒的經驗或事實，藉此來保護自己。

為什麼需要保護呢？因為心中的傷口還沒徹底修復及痊癒，那是一個依舊脆弱的自己。只是我們不願意承認它，並且清清楚楚地看個仔細。

防衛不是不可以，只是你會卡關「更久」而已

防衛機制，人人有之，差別只在於方式不同，程度差異，還有我們到底要抗拒多久，才願意去面對、承認，並且卸除而已。

防衛越久，浪費的不只是自己的時間及生命，並且讓同住屋簷下，時常與之相處的家人或伴侶，動輒得咎，怎麼相處都不對，甚至還捲入了漩渦，造成了無辜死傷，讓人好心被雷親，真心換絕情。

即使身邊換了人，一換再換，仍舊反覆上演相同的關係問題，但當事人卻把它推給宿命和運氣，感慨流年不利。

賭氣有著潛在的攻擊性

防衛，就是「將問題擱置」，表現出對抗或者逃避，例如常見的一種表現：賭氣，它讓人沒辦法就事論事。

因為賭氣有著潛在的攻擊性，堵住了別人善意溝通的勇氣，削弱了別人相助的誠意，也因此，讓陳年問題持續卡關，在原地動彈不得。

防衛，也是一種以自我為中心，放任自己沉溺在汪洋般的情緒裡。

每個人的每一天，都有屬於自己的待辦事項、任務、生活考驗及難題，有些人選擇放大了自己的難題，希望讓旁人能更關注自己，或者博取關心及同情。因為沒有一個人不想要被愛，沒有一個人不想要被了解，沒有一個人不想要被關心。

也因此，當我們把自我的「重要性」放得過大，把自己的「需求滿足」放在了首要位置，就會驅動防衛機制的另一種現形，也讓我們一直被滿溢的情緒左右，讓解決問題的時日越來越遙遠，與別人的關係與親密越來越疏離。

同時更現實的是，很遺憾，**我們身邊的人，無論是朋友或家人，不是每個人都有能力去剝除你的層層防衛，看見受傷的痕跡，讀取你渴望被了解的心**，也自然，不是每個人都有能耐去承接波濤洶湧的情緒，進而辨析，因為那很有可能會兩敗俱傷，淹沒自己。

所以我們必須務實，我們都聽過「天助自助者」，如果我們必須靠自己，那麼我們可以為了心中的傷痕，做些什麼事呢？

臨床心理師的處方箋

68讀取心思，辨析情緒，由你開始

在成長過程中，我們都有過類似的經驗，被人占便宜或者欺負了，例如，同學搶了自己手中的冰棒，剛買的玩具被哥哥弄壞了，初戀對象劈腿了……外人乃至於家人給的回應，多半是糊弄過去，像是「都過去了」、「誰不是這樣子」、「讓他一下有什麼關係」、「下一個會更好」。

是啊，好委屈。自己不被理解，更沒有獲得情緒支持及深刻同理，然後默默背負著傷口，繼續往前進。

如果我們總是期待著有人來理解我們，有人了解我們的歡欣與憂愁，快樂與傷悲，並且能適時、適度給予我們最想要的安慰。**那麼，我們就把一半的人生品質，交給別人來決定。**

陪伴我們走過這漫長一生的好朋友，第一個，也是最恆久的，不是別人，就是我們自己。

69 主動打造生命中的新劇情

持續防衛的人，長年擁抱著舊傷口的人，從當年的孩子，到了現在成為職場中堅，甚至都到了花甲之年，仍重複說著過去的傷心，站在原地哭泣，即使那些傷害他、剝削他的人早已化為塵土，然而對他而言，一切都恍如昨日，依舊痛苦著，並且難過著。

怎麼辦？**我建議去旅行。你騰出一段時間，獨立而且完整地留給自己**。

我們不時聽到，朋友從異國旅行回來，或者騎機車環島，甚至跟著媽祖遶境之後，整個人煥然一新，氣色好上許多。

充了電，獲得滿滿能量。曾經的困頓人生能夠再出發，一掃陰霾，撥雲見日。

你可以安排一趟屬於自己的旅行，讓你自己受益。

你也可以安排不一樣的生活體驗與刺激，只要跟過去不一樣，去認識新朋友，去大量閱讀，尤其是你過去不曾翻頁的領域。

開卷不只有益，而且成本又低。我們喜歡聽故事，更喜歡說故事；述說「屬於自己」的故事。

當你的生命有了新劇情，你才能揮別過去。因為你有了更好的故事，可以分享，可以傳遞。

70找到「對的人」來理解你

人生需要良師益友，我們並不孤單。

良師就是明燈，益友平時就要深耕，再不然，也有專業的心理工作者，能夠陪伴你剝洋蔥般，看見、認識、接納，並且修復自己。

以上的建議方法，都是提供你一個初步參考的架構。

你可以依照手邊的資源，你更感興趣的方式進一步調整，打造出更適合你的自我修復旅程。

「你真是沒用，你還是不是個男人？」

真正的和諧，不是建立在隱忍中。
在互動模式裡若出現剝削，即使再輕微，都不能等閒視之。

「真是朽木不可雕。教了你這麼多次，你連這麼點簡單的小事都做不好，你真是沒用！你還是不是個男人？」

「井底之蛙！你就是沒見過世面、沒見識。我跟你之間，真是無話可說。」

以上的對話，裡面的用字遣詞，讓人多麼熟悉。

不只是在電視劇裡看過，更是在你、我的日常生活中，頻頻上演。

那些來到心理諮商室求助的個案，不論是已婚或交往中的朋友都時常提及，他們與親密伴侶之間的對話，就不時出現這樣的內容。

乍聽之下是刁難，長期下來就都是折磨。

為什麼有些同事下班後不想回家，總是拖延著，或常非必要性的自願加班？

美國長年從事婚姻關係研究的約翰・葛特曼博士（John Gottman），他曾經提出「婚姻末日四騎士」（Four Horsemen of the Apocalypse）。這是用來預測負向婚姻狀況的指標，裡面包含了批評（criticism）、防衛（defensiveness）、鄙夷（contempt）、沉默不回應（stonewalling）。當關係裡出現這樣的態度與行為，就會逐漸破壞關係的品質，所以也是用來預測婚姻關係是否能夠幸福的指標。

雖然它主要應用在伴侶關係，但其實我們捫心自問，以上四種態度及行為，都足以破壞任何關係，包括職場、朋友及親子關係，絕對不只是婚姻關係。約翰・葛特曼博士後期則是新增了第五項指標：挑釁（belligerence）。

我們可以試著回想，當批評、防衛、鄙夷、沉默及挑釁，這五種態度及行為出現在我們的人際關係及互動裡，會是怎樣的情形，以及我們心裡隨之湧現什麼樣的感受。

畫面可能是沒有盡頭的幽暗深淵，或像走在一條長廊裡，沒有任何光線，伸手不見五指。你感覺似乎有蝙蝠飛過，刮過你的臉頰，你感覺會痛；接著不知道從哪裡竄出來一群毒蜂，對著你的皮膚狠狠叮咬，感覺難受。

當一個人遇到不愉快、不客氣地對待時，我們通常會先選擇等待，以為它不會是常態；接著是壓抑及忍耐，然後益發感覺到痛苦不堪，最後是束手無策，無可奈何，萬般無奈。

相處的每分每秒，彷彿草木皆兵，如坐針氈，你總是在倒數計時。

所以你會很常聽到，有些同事下班後不想回家，總是拖延著，或常非必要性的自願加班，又或在外面跟朋友小酌幾杯，相談甚歡。**美其名是聚餐，但實質上卻是逃難**。

尋找各式各樣的理由，有意識或無意識地遠離另外一個人，而這個人，是最親近，卻也是最想遠離的家人。

甚至有些時候，當對方的前腳才剛踏出門，可能只是出門買包洋芋片，或者去剪個頭髮，你的內心響起了陣陣歡呼，你覺得總算感到輕鬆了些。

就像是一隻總算盼到貓咪出門的小老鼠，可笑又可憐，膽怯又卑微。

華人社會的集體主義傾向，常為了所謂的「和諧」，更助長人際剝削

在關係裡，這樣折磨、凌遲、錯待另一個人是很常見的，因為人往往都「不夠」自覺。

而且互動模式一旦建立，通常很難改變，更遑論逆轉勝。

即使往後只是想要微調修正，都不太容易，甚至是不可能。如果改變很容易，就不會有這麼多人想要逃；如果負向行為這麼容易調整，就不會有這麼多人在不同地點，相同時間都感到苦惱。

人類是慣性很強的動物，可能是為了演化及適應而存在的生、心理機制。如果每天都在調整，每天都在改變，注意力的焦點就得時時變動，無法省力運作，也就會相當耗能。加上華人社會的集體主義傾向，為了所謂的「和諧」，保守的態度及思維，人生差不多就好，多半得過且過，不敢嘗試改變。

在互動模式裡若出現剝削，即使再輕微，都不能等閒視之

然而**真正的和諧，不是建立在壓抑、隱忍及委屈的關係中**。在互動模式裡若出現上述指標，即使再輕微，都不能等閒視之；即使只是第一次，都必須正視它，並且勇敢面對及處理。

我們時常以為，自己的體貼、退讓及包容，會換來對方的感激、理解與改變。這或許是對的，但或許也不對。

因為調整互動態度、改變對待方式的決定權是在對方的手裡，而不是存在我們自己的想像及期待裡。更重要的是，**人都是依照外在現實的回饋，進而調整自己的行為**。

如果面對批評指責、冷嘲熱諷、輕蔑漠視、頻頻挑釁時，你的反應都是全盤接受、默不吭聲，或者看起來「還好」、不痛不癢，那麼伴侶沒有急迫性，沒有必要，更不會有自我警覺去改變自己。

更進一步，對方既然不會因為這些破壞關係的態度及行為，得到負向回饋，那麼對方何不繼續？又何須勉強自己調整及改變？

這些態度及方式，讓一個人（無論性別）在面對伴侶時所油然而生的恐懼，將或重或輕，逐步地吞噬一個人的自尊及內在能量。

導致習得無助也好，出現身心症狀也罷，如果關係（愛情、友情及親情皆然）持續如此，只能如此，那地獄真是近在咫尺。

臨床心理師的處方箋

71 態度、行為，早期辨識

如果要你去弄清楚批評、防衛、鄙夷、沉默及挑釁的定義，你會不會覺得好像很難？

沒關係，**你只要記得這四個字——「感受先行」**。

良好的互動，友善的對待，中性的用詞，並不會讓你出現懼怕、膽怯、慌張……反應及負向情緒。如果你感覺不對勁，發覺不愉快，它就是個指標及提醒。我們無須過度反應，但是可以適度檢視及學習辨識。

在人際關係互動裡，是不是有些態度及行為，包裹著批評、防衛、鄙夷、沉默及挑釁？它可能來自於另一個人，但也很有可能，出自你自己。

任何學習及練習，除了可以用在人際關係裡保護自己，也可以用來成熟及內化，修正自己。因為見賢思齊，見不賢內自省。

72從不知不覺，到後知後覺，進而先知先覺

試著將「覺知」帶進生活裡，尤其是在人際關係裡，而這需要持續練習，才會一步一步地往好的關係，正確的地方前進。

改變很難，是因為許多時候當我們想要改變時，問題已經病入膏肓，盤根錯節，不知道從哪裡下手。

即使知道問題在哪裡，也是百廢待舉、曠日費時的浩大工程。所以早點覺察問題，那

時對方的慣性尚未養成，問題也還小，對方破壞性的用詞還不是口頭禪及語助詞，羞辱式的態度及行為更不是慣性，那時調整的難度就能相對減輕。

願每個人在感情中，都能享受幸福無懼的自在；願每個人在關係裡，都能擁有免於恐懼的自由。

「體貼卻被當工具人，我再也不這麼做了……」

心理上的防衛，是為了害怕再度受傷。
修復你過去的傷，讓它滋養出新生的能量。

「現在開始，我只想顧好我自己。其他的，我不想管。」他剛剛說完與前妻之間的愛恨糾葛、恩怨情仇，然後喝了一口茶，嘆了一口氣。

「可若再次遇到心儀的女生呢？總是要好好對待人家吧。」我接著發問。

「戀愛當然還是要談，只是付出這麼多幹嘛？體貼關心就是被當工具人，溫馨接送就是馬子狗。我要保留多一點。」

他的語氣忿忿不平。看來上一段感情仍是傷他頗深。

「你的保留，其實是害怕受傷，也就是心理防衛，這豈不是繞遠路，讓往後的關係更加辛苦？人家怎麼跟你相處呢？光是要軟化及卸除你的防衛，這關就夠人家受的了吧。」

我認真地回答對方。

成長，是你的選擇。不成長，是受苦的源頭

很多自相矛盾的問句，充斥在我們四周，甚至就是出於我們自己的口。

在心理諮商室，或者在朋友交談中，我時常聽到一樣的問句，有時候更像是質問。

「不成長，也可以吧？」「不成熟，不行嗎？」「慢慢成長，十年、二十年，又有什麼關係？」如果你仔細聆聽及拆解，裡面的語氣並非不解，更多的是「賭氣」。

然而**賭氣的背後，就是他傷痕累累，尚未痊癒，逃避面對與承認的痕跡與證明**。

他不是不懂成長，他只是故意反駁。

那些保留，是內心的傷痕還未結痂；那些防衛，是害怕再一次受傷

天生氣質、性格特質、行為及反應傾向、成長經驗、社會文化及外在環境……共同交

互作用，成為了「你」這個人，而所有你遇到的人，遇到你的人，繼續兩相交互作用下，影響了彼此，以及所有人的人生。

抗拒成長的人，繼續用著過往習慣的互動方式，帶著防備，甚至彷彿化為刺蝟，卻自以為理性的狀態進入關係，這只會讓關係裡的另外一個人，更費力氣去抽絲剝繭及調整應對。前提還得要他有足夠的理解與覺知，以及充裕的耐性和毅力。

但是可想而知，最為常見的就是屢屢碰壁、互相折磨，並且萬分挫敗的結果，然後，就是再一次結束關係。

你的無意識搞砸了這段關係，你自己卻覺得有夠委屈。

因為相互影響，因為交互作用，所以親密關係的困難，還有家庭悲劇時常代代相傳。很多影響都是肉眼看不見，卻是真切存在。

我們可以否認，也可以選擇掩蓋，更可以逃得遠遠的，當作一切與我無關。**但是遲早要面對，總有一天會卡關。**

為什麼我們一再離開關係，一再進入關係，但永遠都不合適？

孩子從小看著父母之間的針鋒相對、惡言相向。有人掄起拳頭，更有人拿起菜刀；或者最常見的相敬如冰、貌合神離，繼續當一對假面夫妻。

父母說服著自己，這是我們兩人之間的事，我們並沒有影響到孩子。

然而**孩子從來不會告訴你，甚至孩子自己從來不知道，原來長大後的自己，帶著過去的傷痕，成長的所有記憶，因此難以進入親密關係**。認為沒有人會愛著不夠完美的自己；一再磨損親密關係，總是用著錯誤的方式對待彼此。

說反話、讓對方猜心；做錯事，踩對方底線。最後，就是一再離開關係，一再進入關係，但永遠都不合適。

他或她，是別人生命裡錯的人；而自己，則是苦於重播的悲劇，不曾認識，更沒有釐清關係惡性循環的原因。

臨床心理師的處方箋

73 辨識你心中的傷，別將所有心力用來「對抗」

人生是這樣的，我們總喜歡挑喜歡的、輕鬆的事來做。那麼，不喜歡的、困難的事呢？

你就要扛著它一輩子，那些課題將會如影隨形，一生跟著你。

持續對抗著生命課題，持續否認著過去的傷不要緊，你只是把成長的時間拉長，而這段延長的時間裡，就是一再重複上演著相同的劇本，用早已驗證無效的方式，考驗著彼此的挫折忍受力，消磨著彼此的關係。

74 修復你過去的傷，讓它滋養出新生的能量

那些過去的傷，並不是用來摧毀你，更不是用來讓你證明「不值得被愛」、「人生就是如此」、「每個家庭都一樣」或「男人／女人沒一個好東西」這些以訛傳訛的偏見與迷思。

傷害確實帶給了我們情緒的驚濤駭浪，然而**翻騰的情緒正是提醒我們，原來還有可以成長的地方。**

原來其實還有很多重擔沒有放下，而這些都是讓你的生命再次新生、蛻變的能量。

成長的氛圍，生命的經驗，形塑了我們的世界觀、人生觀和價值觀，而在這三觀之下，也包含了對於人的信任，對於關係的認識和理解，對於良好互動方式的判斷與表現。

必須追求共好，沒有獨善其身，我們都活在社會這個巨大的結構裡面，牽一髮而動全

身。

讓自己成長，帶動彼此改變，讓好與好相乘，才會擁有你好，我好，共好的關係及人生。

關係可以是相輔相成，也可以是相害、相礙

如果他還是不願意成長，我們又該怎麼辦呢？是的，世界並不完美，即使你心存善念，世事也不會件件如你所願。

那麼，我們也不用繼續瞎攪和，將自己的人生一起葬送。

當你日日三省吾身，認出了自己的生命課題需要修練的部分；而且你也心有餘裕，行有餘力，可以選擇成為他人生路上的好友，甚至是同修，前提當然是他也願意一起面對，共同奮鬥，而不是你成為了肉身菩薩，燃燒了自己，卻也沒有把對方照亮。

當我們選擇成熟，繼續成長，才有能力去了解自己的內在，認識對方的狀態。

當我們選擇改變，持續改善，才有機會去扭轉關係的困境，創造共好的未來。

【後記一】

先經營好與自己的向內關係，才能經營好向外的人際關係

你有沒有發現，待在有些人的身邊，就能感到如沐春風？聽著這些人說話，無論是分享人生經驗或是向他們請教時，就覺得醍醐灌頂，茅塞頓開，卻又不傷自尊心？

其實，這些人都有一些共通性，那就是**他們持續修練自己的心性，願意深入探索、了解及處理自己的生命課題**。

哪些脾性在人際關係裡會是傷人的利刃、磨人的缺點？哪些特質則是能帶給別人支持、鼓勵，甚至引發不同的思考觀點，對於人生問題能產生全新洞察及見解，並繼續把這些特質磨到發光，能夠照亮別人？

他們都願意持續學習，深化自己涵養的厚度、覺察的深度及知識的廣度。簡言之，持

續了解及修練自己，並且謙沖自牧。

我們時常花費許多時間，耗盡所有力氣在處理與「別人」的關係，也就是向外的人際關係，然而我們都忘卻了，**最根本的核心，最初始的起點，其實是我們自己**。

當我們不認識自己，從不理解自己的原生家庭、成長過程中或大或小，任何經驗都可能對我們的性格發展激起的漣漪效應時，我們就時常在關係裡碰壁，無論是與同學或同事，與親密伴侶、父母、手足，還是自己孕育的孩子。

把過去的問題，帶進未來的關係裡；把不曾處理好的傷口及情緒，放在身邊持續加溫及醞釀，隨時可能引爆，燃燒及摧毀現在的人際關係。

謙沖自牧者，讓人如沐春風，都想靠近；人際剝削者，讓人苦不堪言，都想逃離

我們都在跌倒中成長，我們都是帶著傷長大。

那些傷口並不會隨著歲月而消失，隨著光陰淡去，而是深深滲入到骨血裡，成為我們處事的風格，關係裡的陰影，面對問題時的行為傾向及直覺反應。

有些人獨處時，總是覺得寂寞，所以時常流連臉書、Instgram、Twitter、PTT 等網路平台，在別人的版上到處留言、發表意見、尋求慰藉及討拍。

然而與人實際相處時，卻又輕易躁動，旁人的一句話、一個眼神或表情，就能刺激他不穩定的內在，玻璃心碎裂一地。

隨時都要有人看顧，隨時都要有人給他溫暖。

而那些不自覺升起的心理防衛機制，可以是合理化自己前後矛盾的行為，也可以是反向作用，試圖指責及掌控別人；或是否認自己真正的需求，並將內在狀態投射給別人，讓與他相處的人捉摸不透而百思不解，活在猜測、挫折及壓力裡，鎮日疲於奔命。

有些人則是及早發現所有困擾的根源，都是來自於自己。

例如，他最初也是帶刺的刺蝟，她最早也是高原上的玫瑰，可是他們逐漸發現自己在不同關係裡，不斷重複上演著相同的困局，無論是被人剝削，還是剝削著別人。

於是，他們開始向內在探索，面對自己成長過程中的碎裂，發現曾經受傷的自己，仍是負傷的駝獸，傷口仍流淌著鮮血，只是自己選擇看不見、聽不見。

不過，雖然看不見、聽不見，但痛覺仍舊存在，只是它被日復一日的外在事件、日常生活及網路刺激覆蓋。

表面上看起來沒大礙，可是一旦進入關係裡，卻處處是地雷，個個都是未爆彈。

然而若她開始學習成長，若他開始學習茁壯，那麼，曾經受過的傷，並沒有摧毀他們，反而成了提醒他們的燈塔，不要重複相同的悲劇，不要在關係裡剝削別人，也困住了自己。

他們成了最好的榜樣。他們善待自己，也懂得善待別人，有著自信，卻又謙和。

待在他們身邊，就像沐浴在春天的陽光下，和煦溫暖，卻不刺眼、灼燙。

負傷前行，我們都有強韌的生命力；經營自己，就能帶來關係更好的可能性

經營好和自己的關係，自己的人生也會過得精采又有趣。

在日常生活裡，可以從人際關係以外的途徑，挖掘新鮮及樂趣；在面臨挫折時，可以透過人際關係以外的方式，修通及排解情緒。因此，不會輕易對人發脾氣，也不會用各種方式麻痺或傷害自己。

也許是成癮行為，也許是持續逃離，或是在關係裡做長期的逃兵。

臨床心理師的處方箋

75 成長需要典範，從模仿、學習開始

從小到大，從校園到出社會，從原生家庭到所有人際關係裡，總會有些人讓你敬仰不

已。

把他當成你的參照，把她視為你的精神指標，他們就是我們能追隨、模仿、學習，甚至超越的對象。

你可以親自請教，或者認真觀察他們如何一步一步，練就了現在的自己。他們做過哪些選擇、取捨及努力。

他們的現在都是過去的累積。我們別被這些光芒震懾在原地，以為他們天生如此，不曾有過任何一絲一毫的努力。

他們如何掙脫原生家庭的束縛？他們如何面對社會眼光及外在要求的期許？他們如何將生命中的所有窒礙，化為自我成長的養分？

這些都是引領我們前進時，最精確的指南針，最可靠的學習範本。

76自我設障，還是自驗預言？取決在你

別低估你的潛能，也別輕忽關係能夠改變，關係還能更好的可能性。

沒錯，**任何改變一開始都是屢敗屢戰，任何嘗試一開始都是匍匐前進**。社會心理學當中，廣泛提到的自我設障（self-handicapping）及自驗預言（self-fulfilling prophecy），都

在左右你的命運。

自我設障，一種用來保護自我評價的心理機制。這是一種害怕自己努力後卻失敗，所以寧願一開始就放棄努力，也因此招致失敗的結局。

自驗預言，則是自己實現了預言的內容，當然這裡所指的，是正向的改變。

你相信自己能夠成長，期望人際關係能往好的方向發展、改善及變化；也就更能把好的改變實現，真正地兌現。

自我設障，就是本末倒置，親手主導了關係的悲劇。而自驗預言，就是自我勉勵，親自打造了關係變好的可能性。

認識自己，承認我們都有各自的匱乏；喜歡自己，看見我們都有各自的優勢。豐富你的內在，提升你的情緒調適、挫折忍受度及抗壓性。

學習與自己共處，才不會向外索求；**學習用更好的方式豐富自己，才不會在關係裡用剝削來滿足優越感，用剝削來獲得安全感**。

懂得經營好自己的人，就懂得終止人際剝削，同時也不會剝削別人、消磨關係來飲鴆止渴，換得暫時的情緒紓解。

經營好與自己的關係，良好的人際關係就會是水到渠成的附屬品。

【後記二】

避免人際剝削，從檢視「臨終前的後悔清單」開始

關於「臨終前最後悔的五件事」，你曾經想過嗎？

心理諮商工作，時常會碰觸到「後悔」這個主題。歸納下來，不難發現，這些後悔清單多半與「人」有關，也都是關係裡的懊悔與遺憾。

例如，「好想修復父子關係，不要浪費時間賭氣。」「真希望當初沒對太太說出這麼傷人的話。」「我當初應該多給孩子鼓勵，而不是只會指責與批評。」「如果能回到過去，我一定會好好珍惜學生時代的友誼，一直保持聯繫。」「如果我能早點成熟內斂，懂得圓融待人處事……」「真希望能親口對她說對不起。」「可惜我來不及見上他最後一面。」……

這些如果與希望，都回不了當時，變成了遺憾的旋律，在心底盤旋低迴，哀傷不已。

邦妮・韋爾在《臨終前最後悔的五件事》直接點出，「生命的變化源自於死亡的代價」。

她在安寧緩和病房八年的護理工作，所淬鍊出的五項生命哲學，分別是：

1. 希望有勇氣過自己真正想要的生活。
2. 希望以前沒有那麼拚命工作。
3. 希望有足夠勇氣表達自己的感受。
4. 希望能夠和朋友們保持聯繫。
5. 希望讓自己成為快樂的人。

不只是肉體的死亡，還有心靈的死亡。死亡，也是重生的力量

類似的討論很多，無論是臨終前最後悔的五件事，還是人生最後悔的二十件事。我們都不喜歡後悔，也都不希望人生走到盡頭，回頭檢視一生卻是「悔不當初」，以及許許多多的「來不及」。

然而，我也不時看見能從逆境中成長，從絕望谷底重生的人們，都有著相同的心理歷程，那就是他們的變化，都來自於「深刻的死亡」。

無論是罹患絕症、發生事故、意外或者遭逢生命中重大打擊，這些生理或心理上的瀕死經驗，都讓他們後來的生命產生巨大變化，如同死亡的代價。

他們「選擇」去改變生活型態，捨棄舊有習慣，放下長年執著，然後活出另一種版本的人生，更豐富，更沉穩；更宏觀，更精采。

那麼，就讓我們一起來檢視吧！我們會發現，有時自己會說著言不及義的話，在日常生活中，人際相處時，作為沉默間隙的墊檔。

可是我們都說了些什麼呢？大概是一些自己覺得無關痛癢，但是別人卻聽了不舒服的話。

像是，在不該給建議的時候，自以為好心地給建議。**看不見自己想要指導別人，其實是優越感作祟**，讓人感到矮了一截，覺得不舒服，甚至很傷人，而關係就是由此產生裂痕。

又或者，自以為幽默地開玩笑，逗弄別人，但是，**該沉默的時候就保持沉默，對關係更好**。

因為沉默容易使人焦慮，接著使人無意識地使用「不恰當」的話語，來抵銷自己內在的焦慮，而這些運作，多數人都毫無所悉。

以上這些對於人際關係的破壞，都成為了後悔清單的絕大部分。

說出口之前，鮮少仔細思考，反覆推敲，常不自覺傷害了別人，更不知道影響這麼的深。

如果是被傷害的人呢？在關係裡是忍耐及委曲求全的角色呢？

那些痛苦，除了對於對方的憤恨，還有**對於自己無能的憤怒**。

因為我沒有能力在關係裡，表達自己真正的感受，說出真正想說的話，還有為自己爭取，**這是一種向內攻擊的敵意，藏在心底更深處，所以更難以覺知**。

除了感覺卑微之外，**也可能將這些怒氣，宣洩在更加弱勢的人身上**，或者轉變成其他方式，例如成癮行為……這些變形。

很多受傷的人，後來都變成了傷害別人的人，而這些，其實也都傷害了自己。

我們讀了很多書，希望能好好地過一生，在各種人情關係裡圓滿。不再重蹈覆轍，不要成為怨偶，貌合神離；不要成為只有言教沒有身教的父母，與孩子關係日漸陌生疏離；更別像電視新聞或報章雜誌的案例，前車之鑑卻變成了自己的人生故事。

臨床心理師的處方箋

77 過猶不及，看清關係裡的各種作用力

有些人不知不覺，有些人則是過度警覺。我們都很幸運，拜網路發達與教育普及，能

夠接觸到大量新知及資訊，更有許多提醒，讓我們能夠警惕自己，不要複製悲劇。

然而**有時候，過度努力也是一種無形的壓力，尤其是在關係裡**。

人際關係就像是化學變化，不同的人組合在一起，就有可能激盪出不同的火花與反應，而且這些火花及反應，也會作用到其他關係。

例如，想成為溫暖有愛又稱職的父母，因此我們花了大量時間去學習育兒新知，但卻疏忽了親密關係的重要性，甚至不時因為教養意見不同而屢起爭執，把孩子當成家庭裡的第一，卻讓伴侶成為了犧牲品。

我們都不希望有一好，沒兩好；我們想要的，是親子關係與親密關係都能很好。別顧此失彼，它並非取捨的命題；我們可以做的，是學習把好的關係「類化」到所有關係裡。

78 每一天的生活，都是提醒；每一刻，都是改變關係的契機

心情就是如人飲水，冷暖自知。關係裡的品質，當然也是。

你覺得滿意，還是委屈；你覺得溫暖，還是冷冰冰，沒有人比你自己更清楚了。**所以在可以微調的時候，我們就該面對、修正及調整**，不要等到關係破裂，雪上加霜的等級，

才覺得大勢已去，欲振乏力。

而這些來不及改變的關係，這些埋藏心底，刻在生命裡的痛苦與遺憾，都成為臨終前的後悔清單。

其實它一直都有改變的契機，就在你每一天的感受及生活裡。

我時常思考著，自己可能有的臨終後悔清單，它用來幫助我持續檢視及反思：哪些事情可以捨去，哪些價值需要重視，哪些關係現在就要珍惜，還有哪些人，我想要跟你們說對不起，或者是謝謝你，來到我的生命裡。

不要在未來後悔莫及，讓我們一起圓滿今生的所有關係。

國家圖書館預行編目資料

人際剝削：為什麼我們離不開有毒的人際關係？78個原則，贏回人生主導權／洪培芸著. ——初版. ——臺北市；寶瓶文化, 2019. 01
面； 公分, ——（vision；171）
ISBN 978-986-406-144-0（平裝）
1. 人際關係
177.3　　107021942

Vision 171

人際剝削——為什麼我們離不開有毒的人際關係？78個原則，贏回人生主導權

作者／洪培芸 臨床心理師
副總編輯／張純玲

發行人／張寶琴
社長兼總編輯／朱亞君
資深編輯／丁慧瑋　編輯／林婕伃
美術主編／林慧雯
校對／張純玲・陳佩伶・劉素芬・洪培芸
營銷部主任／林歆婕　業務專員／林裕翔　企劃專員／李祉萱
財務／莊玉萍
出版者／寶瓶文化事業股份有限公司
地址／台北市110信義區基隆路一段180號8樓
電話／(02) 27494988　傳真／(02) 27495072
郵政劃撥／19446403　寶瓶文化事業股份有限公司
印刷廠／世和印製企業有限公司
總經銷／大和書報圖書股份有限公司　電話／(02) 89902588
地址／新北市新莊區五工五路2號　傳真／(02) 22997900
E-mail／aquarius@udngroup.com

著作完成日期／二〇一八年十一月
初版一刷日期／二〇一九年一月三日
初版三刷+日期／二〇二二年十二月八日
ISBN／978-986-406-144-0
定價／三四〇元

AQUARIUS 寶瓶 文化事業

愛書人卡

感謝您熱心的為我們填寫，
對您的意見，我們會認真的加以參考，
希望寶瓶文化推出的每一本書，都能得到您的肯定與永遠的支持。

系列：Vision 171　**書名：人際剝削——為什麼我們離不開有毒的人際關係？78個原則，贏回人生主導權**

1. 姓名：＿＿＿＿＿＿＿＿　性別：□男　□女
2. 生日：＿＿＿年＿＿＿月＿＿＿日
3. 教育程度：□大學以上　□大學　□專科　□高中、高職　□高中職以下
4. 職業：＿＿＿＿＿＿＿
5. 聯絡地址：＿＿＿＿＿＿＿＿＿＿＿＿＿＿＿＿＿＿＿＿＿

   聯絡電話：＿＿＿＿＿＿＿＿　手機：＿＿＿＿＿＿＿＿
6. E-mail信箱：＿＿＿＿＿＿＿＿＿＿＿＿＿＿＿

   □同意　□不同意　免費獲得寶瓶文化叢書訊息
7. 購買日期：＿＿＿ 年 ＿＿＿ 月 ＿＿＿日
8. 您得知本書的管道：□報紙／雜誌　□電視／電台　□親友介紹　□逛書店　□網路

   □傳單／海報　□廣告　□其他
9. 您在哪裡買到本書：□書店，店名＿＿＿＿＿　□劃撥　□現場活動　□贈書

   □網路購書，網站名稱：＿＿＿＿＿＿＿＿　□其他＿＿＿＿＿
10. 對本書的建議：（請填代號　1.滿意　2.尚可　3.再改進，請提供意見）

    內容：＿＿＿＿＿＿＿＿＿＿＿

    封面：＿＿＿＿＿＿＿＿＿＿＿

    編排：＿＿＿＿＿＿＿＿＿＿＿

    其他：＿＿＿＿＿＿＿＿＿＿＿

    綜合意見：＿＿＿＿＿＿＿＿＿＿＿＿＿＿＿＿＿＿＿＿＿＿＿＿
11. 希望我們未來出版哪一類的書籍：＿＿＿＿＿＿＿＿＿＿＿＿＿＿

讓文字與書寫的聲音大鳴大放

寶瓶文化事業股份有限公司

（請沿此虛線剪下）

廣 告 回 函
北區郵政管理局登記
證北台字15345號
免貼郵票

寶瓶文化事業股份有限公司收

110台北市信義區基隆路一段180號8樓

8F,180 KEELUNG RD.,SEC.1,

TAIPEI.(110)TAIWAN R.O.C.

（請沿虛線對折後寄回，或傳真至02-27495072。謝謝）